김치명인
이하연의

별별 김치

지은이
이하연 명인

남도한정식 '봉우리'를 운영하면서 김치맛을 인정받았고, 전국의 식재료를 공부했다.
본격적으로 김치 공부에 매진하면서 수많은 대회와 경연에 참가하며 내공을
쌓았고, 할머니·어머니로부터 물려받은 '해물섞박지'로 대한민국식품명인 제58호로
지정받았다. 현재는 '봉우리 찬·김치'를 운영하며, 인기 유튜브 '김치쌤 이하연'으로
우리 전통음식인 김치를 국내·외에 널리 알리고 있다.

수상 이력

2012   농업인의 날 대통령 표창
2010   농업인의 날 농림수산식품부장관 표창
2009   한식세계화 공로패(한국외식경영학회, 제2009-7호)
2007   김치엑스포 대상
2006   서울건강식품박람회 금상
2006   농업경쟁력 강화 공로상(농촌진흥청, 농진을 제9005호)
2004   한국 탑 브랜드 대상

저서

《이하연의 발효음식》, 《이하연의 명품김치》

주요 연혁

2018~2024   (사)대한민국김치협회 회장
2014   대한민국식품명인 제58호 지정(해물섞박지)
2012   (사)대한민국김치협회 초대 부회장 선임
2009   봉우리영농조합법인 김치공장(덕소) 설립
2009~2010   (사)한국김치협회 회장 역임
2006~현재   이하연의 봉우리 찬·김치교실 강좌 개설
2005~현재   (주)봉우리 설립(역삼동) 및 운영
2003~2007   (주)봉우리식품 김치공장(단양) 설립
1997~현재   한정식전문점 '봉우리' 운영
1991~1997   한식점 '한국인' 운영

김치명인 이하연의

별 별
김치

이하연 지음

한국외식정보

절이다

담그다

익히다

한민족의
고유한
음식문화

김
치

김치를 담근다는 것은 가족을 사랑하는 엄마의 마음을 오롯이 전달하는 것이다.
가족의 식성에 따라 레시피가 달라지기 때문이다.
슴슴하고 깔끔한 맛, 맵쪼름한 맛, 젓갈을 듬뿍 넣어 삭힌 맛,
갓 담근 겉절이, 푹 익혀서 먹는 묵은지 등
그래서 김치는 지역마다, 집집마다 수백 가지 레시피가 존재한다.

나에게 김치 담그기는 어릴 적 소꿉놀이처럼 즐거운 일이다.
싱싱하게 펄펄 뛰는 생선들이 포구에 들어올 때면
젓갈을 담글 요량으로 가슴이 뛰었고,
계절마다 산과 들에서 나는 푸성귀, 산나물, 채소는
다채로운 김치 재료가 되었다.

지금도
나의 가슴을
뛰게 하는

김
치

밥과 떼려야 뗄 수 없는 찰떡궁합
김치

김치처럼 다채로운 음식이 또 있을까.
김치는 우리 땅에서 나는 푸성귀를 다듬고, 씻고, 절여서
갖은 양념해 담근다. 김치는 겉절이로 바로 먹어도 좋고,
숙성을 거쳐 익혀 먹어도 맛있다.
한국인의 주식인 밥과는 떼려야 뗄 수 없는
찰떡궁합이 김치다.

책을 펴내며

'김치'. 나는 아직도 김치라는 단어에 가슴이 떨린다. 나에게 '밥을 먹는다'는 말은 '김치를 먹는다'는 말과 같다.
이 책은 어머니의 도움 없이 처음으로 김치를 담가 본 중학교 2학년 이후, 반세기 동안 김치의 여정에서 느끼고 경험한 일들을 정리하고, 김치의 사계절을 담아내려고 노력했다.

김치는 넣는 재료, 만드는 방법, 지역, 계절, 계층, 숙성시간, 보관 장소, 보관 온도에 따라 맛과 영양, 색과 향이 달라지는 신비한 식품이다. 자연에 순응하면서 시간과 온도가 맛을 디자인하는 과학적인 자연식이다.
그런데 전국의 어머니 숫자만큼 많았던 김치 맛이 시대가 바뀌어 '상품 김치' 시대가 되었고 김치 담그는 어머니 숫자가 급속히 줄어들면서 김치 종주국의 화려하고 풍부한 김치 맛이 사라져 가고 있다. 이제 식당에 가면 수입 김치를 마주해야 하는 현실이 되었다.

이 책은 자연에서 얻어지는 재료가 아니면 그 어떤 재료도 김치에 넣는 것을 허용치 않으셨던 어머니의 가르침대로 오롯이 김치 본연의 맛을 내고자 기본 원칙에 충실했다.
주재료·부재료·양념·고명을 계량화했고, 절임부터 육수 끓이기, 김칫소와 양념 배합 과정을 꼼꼼히 정리했다. 또 김치를 담그고 싶어도 실패가 두려워 용기를 내지 못한 사람, 한식을 공부하는 미래의 셰프들도 이대로 따라만 하면 건강하고 맛있는 김치를 담글 수 있도록 했다. 김치 맛에는 완성이 없다. 개인의 김치 취향이 다르기에 더 좋은 맛을 찾아가는 여정이 있을 뿐이다.

K-Food의 중심에는 Kimchi가 있다. 김치는 식품으로서의 우수성을 넘어 국제적으로도 인정받는 우리의 식(食) 문화적 자산이다. 그러나 김치가 국제적으로 인정받는 과정에는 험난한 여정이 있었다. 1996년에 일본이 기무치(kimuchi)를 등록하기 위해 국제 심사단에 홍보했지

만, 우리 농식품부의 노력으로 2001년도에 국제식품규격위원회(CODEX)는 김치(kimchi)를 국제 식품 규격으로 채택했다. 또한 2006년에는 미국의 건강 전문지 '헬스' 지에서 낫토·요구르트·올리브유·렌틸콩과 함께 김치를 세계 5대 건강식품으로 선정했다.

2010년에는 세계김치연구소가 정부 출연기관으로 설립되었고, 2013년에는 한국의 김장 문화가 유네스코 인류무형문화 유산에 등재되었다. 국제적으로 김치의 위상이 높아지면서 2020년 '김치의 날'이 제정되었다. 다양한 김치 재료 하나하나가 모여 22가지 효능을 발휘한다는 의미를 담은 11월 22일이 '김치의 날'이다. 식품으로는 유일하게 제정된 법정기념일이다.
이후 aT의 적극적인 노력으로 아르헨티나·미국·영국·브라질 등 다양한 나라에서 '김치의 날'을 제정하여 김치의 세계화를 앞당기고, 우리 선조들이 물려준 찬란한 음식 문화유산이 되었다.

이 책은 많은 분들의 도움으로 완성되었다. 그 시작은 10년 전으로 거슬러 올라간다. '해물섞박지'로 대한민국식품명인 지정을 받으면서 전통 김치 문화 계승 발전을 위해 김치의 기본을 바로 알 수 있는 책을 만들어야겠다고 생각했고, 비로소 그 숙제를 마쳤다.
명인제도를 만들어 준 농림축산식품부, 명인 활동을 지원해 주는 농수산식품유통공사(aT), 김치의 과학·인문학 등 지속적인 연구 자료를 제공해 주는 세계김치연구소 박채린 박사를 비롯한 관계자 여러분께 감사드린다.

이 책 발행에 앞장서 주신 한국외식정보(주) 박형희 대표님, 김치의 사계절을 담아내느라 2년 동안 애써주신 육주희 편집 이사, 이경섭 사진작가, 박희남 디자이너, 봉우리김치 직원들, 제자들에게도 감사의 마음을 전한다.

그리고 묵묵히 김치명인의 길을 가도록 응원해 준 가족이 있어 김치만을 생각하며 앞만 보고 이 길을 걸어올 수 있었다.
끝으로 막내딸이 김치 담그는 모습을 지켜봐 주시는 하늘에 계신 부모님께 이 책을 바칩니다.

2025년 10월
덕소 김치문화원에서
김치명인 **이하연**

추천사

✤ 얼마 전까지 우리 김치와 중국 김치는 품질이 많이 차이가 나서 쉽게 구분됐었는데 요즘은 구분이 어렵습니다. 우리 김치와 중국 김치의 가격이 워낙 차이가 나니 음식점에서 수입 김치 쓰는 것을 이해했지만 이젠 턱밑까지 쫓아 왔으니 긴장하지 않을 수 없습니다.
저는 밥상이 앞에 놓이면 맨 먼저 김치 맛부터 봅니다. 이것 하나로 다른 음식의 맛까지 가늠이 되거든요. 우리가 어머니의 밥상을 받고 "이 김치 어머니가 직접 담그신 거냐"고 물어봤다가는 "아직 내 김치 맛도 모르냐"고 야단맞을 것입니다. 요즘같이 김치가 하향 수준화되었을 때 더더욱 그리운 것이 어머니의 김치입니다.
이럴 때 이하연 명인의 《별별김치》가 발간된 것은 사방으로 흩어져 있는 우리 김치의 자존감을 한곳으로 집약시키기 충분합니다. 수입 김치가 우리 밥상에 얼씬 못하게 우리 모두 우리 김치를 지킵시다.

— **허영만** 화백(만화가·백반기행)

✤ 어릴 적 경험했던 김치 향기와 문화를 잊지 않고 멋쟁이 김치 전도사가 되어 완성 시킨 '김치명인 이하연의 《별별김치》'가 이제는 봉우리에 머물지 않고 널리 지구촌을 향해 김치 향기를 날려 보내게 됐다. 인생을 오롯하게 김치와 함께 하는 것이 결코 쉽지만은 않았을 텐데 그 끈을 놓지 않고 더 굵게 매듭지어질 수 있도록 끊임없이 김치와 함께 버무려 온 인생이 책갈피 사이사이에서 향기로 전해진다. 특히 개인으로, 국가가 인정해 준 대한민국식품명인으로서 책 한 권에 사계절의 변화를 함께 느낄 수 있도록 곳곳에 김치의 시간을 시각적으로 나타내 보는 즐거움도 크다.
이 책이 단순히 김치 레시피에 그치지 않고 먹는 즐거움과 함께 다양한 김치 문화 확산까지 이어주는 소중한 끈과 매듭이 되어서 전 세계 어디에서나 대한민국 김치 문화로 자리매김할 수 있는 소중한 씨앗이 되었으면 하는 바람이다. 마지막으로 김치 체험박물관에서 각자가 느끼는 엄마의 김치 밥상으로 서로가 마주할 수 있는 즐거운 공간까지 완성되기를 기원해 본다.

— **한귀정** 박사·농촌진흥청

❋ 특별하고, 특별한 《별별김치》가 세상에 나왔다. 지금도 김치라는 단어를 들으면 가슴이 뛴다는 이하연 김치 명인에 의해 김치가 날개를 달았다. 한국 김치의 완성을 가져온 새빨간 배추통김치부터. 슴슴한 백김치, 철철이 다른 맛을 자랑하는 사계절 김치, 지역 특성을 살린 팔도 김치, 생선이 들어가 감칠맛을 자랑하는 어딤채, 일찍이 조선 명물 3대 김치로 알려진 개성 보김치, 전라 반지, 해물 섞박지, 화려한 궁중 김치, 그리고 고려시대 《동국이상국집》에 나오는 무장김치부터 고문헌 속에 등장하는 역사 김치들까지 아름답게 재현하였다.

이외에도 담백한 사찰김치, 루꼴라와 바질, 청경채 등의 서양채소까지 김치로 만들어 버린 양채류 김치, 달달한 과일 김치, 심지어 영국 왕이 좋아하는 찰스 김치까지 등장한다. 또 김치 없이 못 만드는 베스트 김치 요리 10가지도 소개한다. 명인은 세세하게 김치 스토리와 레시피를 이 책을 통해 아낌없이 세상에 공개한다. 그녀에게 김치는 인생이고, 사랑하는 연인이다.

— **정혜경** 호서대학교 식품영양학과 명예교수

❋ 《별별김치》는 명인님의 오랜 연구와 애정이 고스란히 스며든 책이다. 김치의 기본 재료와 도구, 절임·양념의 원리까지 기초를 차근히 풀어내어 초심자도 정확한 출발선을 딛게 한다. 오래도록 전승되어 온 김치, 역사 속 특별한 김치, 요즘 식재료를 반영한 트렌디한 김치까지 과거와 현재, 그리고 내일의 김치를 한 권에 충실히 담았다. 무엇보다 각 장의 설명은 '왜 이렇게 해야 하는가'를 놓치지 않아, 레시피를 넘어 원리를 배우게 한다. 사라져 가는 풍경을 안타까워하기보다, 우리 부엌에서 '한 번 도전해 볼까!'라는 용기를 주는 그런 책이 필요했는데, 그것이 바로 이 책인 듯하다.

이하연 명인님은 우리 김치를 지키는 사람, 새로운 김치 문화를 열어 주는 사람이다. 한국인의 삶과 계절, 기억이 깃든 김치 문화가 앞으로도 단단히 이어지길 바라며, 이 책을 기쁜 마음으로 추천한다.

— **김정은** 배화여자대학교 교수

❋ "산은 산이고 물은 물인 것이지요." 중국의 유명 유튜버가 몇 해 전 자신이 만든 김치를 중국 음식이라고 표기해 큰 소란이 벌어졌을 때 이하연 명인이 인터뷰에서 한 말이다. 중국이 아무리 떠들어도 김치가 국제적으로 인정받은 한국의 전통음식이라는 진실은 변할 것이 하나도 없다는 뜻이었다. 오히려 이런 기회를 전 세계에 김치를 알리는 기회로 활용하자고 제안했다. 그 유튜버를 한국으로 초청해 김치 대결을 벌이는 이벤트는 어떠냐고도 했다. 김치에 통달한 명인이 아니라면 나올 수 없는 발상이라고 생각했다.

그 후 명인이 한 대학에서 농업인들에게 강연하는 자리에 함께 할 기회가 있었다. 김치 담그기 시연도 있었다. 한 수강생이 "김치가 익어야 제맛이지 갓 담은 걸 무슨 맛으로 먹느냐"며 도발했다. 그는 앞으로 나와 마뜩잖은 표정으로 김치를 시식하고서는 바로 머리를 숙였다. "갓 담은 김치가 이렇게 맛있다는 건 처음 알았습니다." 이런저런 자리에서 명인의 활약을 지켜보면서 그녀가 왜 김치계의 최고수로 통하는지 어렵지 않게 확인할 수 있었다. 《별별김치》는 김치를 밝게 비추는 별 같은 책이다.

— **정혁훈** 매일경제신문 부국장·농업전문기자

Contents

책을 펴내며	16
추천사	18

Chapter 1

나의 삶, 나의 이야기   24

할머니, 어머니를 이은 내림 음식의 대를 잇다	26
어깨너머로 제철 식재료에 대한 감각을 깨우치다	28
세상에서 가장 맛있는 김치는 '우리 엄마 김치'	30
어머니에게 전수받은 해물섞박지로 '봉우리'를 열다	32
실패를 자양분으로 김치 공부에 매달리다	34
전국 팔도를 누비며 탄생한 '이하연 표 명품 김치'	38
나를 흥분시키는 단어 '김치' 홍보대사를 자처하다	40
김치의 날 제정에 일조한 것이 가장 큰 보람	42
김치 강좌·유튜브 채널 운영으로 김치 대중화 노력	44
김치 테마파크, 체험박물관 여는 것이 꿈	46

스페셜 I
대한민국 식품명인 제58호에 지정된
이하연 명인의 '해물섞박지'   48
해물섞박지   50

Chapter 2

김치가 익어가는 시간 54

좋은 배추 고르기 / 좋은 고춧가루 고르기 56
맛있는 젓갈 고르기 / 좋은 소금 고르기 58
젓갈 담그기 60
육수 내기 64
풀쑤기 66
배추 절이기 68
열무와 얼갈이 절이기 70
김치 담그기 전 알아둘 것 71
도구 / 썰기 72

Chapter 3

김치 담그기 74

Part 1 배추김치
서울식 배추포기김치 78
전라도식 배추포기김치 80
소금지 82
씨묵은지 84
이북식 배추김치 86

Part 2 백김치
소고기백김치 88
전통백김치 90
파프리카백김치 92
표고버섯백김치 94
황태백김치 96

Part 3 사계절김치
봄
대파김치 100
돌나물물김치 102
돌미나리겉절이 104
봄동겉절이 106
알배기배추겉절이 108
풋마늘김치 110

Contents

여름

무싱건지	112
부추김치	114
상추물김치	116
양파김치	118
얼갈이포기김치	120
열무물김치	122
열무얼갈이김치	124
열무포기김치	126
오이깍두기	128
오이물김치	130
오이소박이	132
오이지	134

가을

깻잎김치	138
쪽파김치	140
총각김치	142
총각무깍두기	144

겨울

감태김치	146
나박김치	148
천수무동치미	150
파래김치	152
홍갓김치	154

Part 4 팔도김치

가자미식해 _ 함경도	158
강화순무섞박지 _ 경기도	160
게국지김치 _ 충청도	162
고들빼기김치 _ 전라도	164
서거리깍두기 _ 강원도	166
자리돔섞박지 _ 제주도	168
콩나물김치 _ 평안도	170
콩잎김치 _ 경상도	172

Part 5 어덤채

갈치김치	174
굴김치	176
민어김치	178
전복배추김치	180

Part 6 조선 3대

개성보쌈김치	184
전라반지	188

Part 7 궁중김치

비늘김치	190
석류김치	192
송송이	194
장김치	196
젓국지	198

Part 8 역사김치

무장김치 _ 동국이상국집	200
맨드라미가지김치 _ 최씨음식법	202
생치김치 _ 음식디미방	204
알무김치 _ 증보산림경제	206
닭김치 _ 조선무쌍신식요리제법	208

Part 9 사찰김치

가죽김치	210
고수김치	212
된장갓김치	214
좁쌀알타리김치	216
홍시배추김치	218

Part 10 스페셜김치

찰스김치	222
당근김치	224
루꼴라겉절이	225
바질겉절이	226
청경채김치	227
토마토김치	228
홍갓콜라비물김치	229
과일복쌈김치	230
미니양배추김치	232
참외송송이	233
콜라비섞박지	234

Part 11 김치요리 BEST 10

김치김밥	238
김치만두	240
김치쌈밥	242
꽁치김치찌개	244
닭가슴살총각김치볶음밥	245
등갈비김치찜	246
묵은지닭볶음탕	248
녹두빈대떡	250
묵은지들기름지짐	251
오색소면	252
김치와 어울리는 꿀조합 BEST 12	254

스페셜 Ⅱ

김장 이야기	258
나의 소울푸드	262
만두 이야기	264
소금 이야기	266
젓갈 이야기	268
고추 이야기	270

Chapter 4

부록 272

김치의 역사 / 김치의 특징 / 김치의 종류
지역별 김치 / 궁중김치 / 사찰김치

Chapter 1

나의 삶, 나의 이야기

할머니, 어머니를 이은   내림 음식의 대를 잇다

나와 김치와의 인연은 고향 웅포로 거슬러 올라간다. 전라북도에 위치한 웅포면은 바다와 인접한 금강하구 옆 강변마을이다. 이곳에서 전주 이씨 효령공파 18대손으로 태어난 나는 음식에 조예가 깊은 할머니(故 김민)와 전북 웉실이 고향인 손맛 좋은 어머니(김선철)가 하는 음식을 먹고, 보며 자랐다.

워낙 음식솜씨가 뛰어났던 할머니는 김치 담그는 솜씨도 남달라 김장철이면 이집 저집 품앗이하느라 바빴다. 1933년 18세에 웅포로 시집온 어머니는 그런 시어머니 밑에서 시댁 음식을 내림 받았다. 특히 발효음식에 조예가 깊었던 할머니로부터 젓갈과 장, 김치 담그는 법을 익혔는데, 그중 해산물을 이용한 해산물 김치 솜씨가 일품이었다.

할머니와 어머니는 매년 초여름이면 해산물이 풍부한 웅포 포구에서 황석어, 갈치 등을 들여와 소금에 절여 젓갈을 담가 대나무밭에 토굴을 파서 저장해 숙성시켜 놓았다. 김장철이 되면 조기, 낙지, 갈치, 오징어, 새우 등 갖가지 해산물과 숙성해 놓은 젓갈을 달여 넣고 포기김치며 섞박지를 담그곤 하셨다.

본래 결혼 전부터 음식솜씨가 좋았던 어머니는 할머니로부터 이어받은 김치 담그는 솜씨까지 더해져 웅포에서 군산 가는 길목인 공주산 근처에서 음식점을 운영했다. 어머니의 식당은 인근 상인은 물론 근방을 지나가는 웅포의 어부들은 반드시 방문할 정도로 유명했는데, 역시 해산물을 풍부하게 이용한 해산물 김치가 유명했다고 한다. 해방되면서 어머니는 식당을 접었다.

어깨너머로 제철 식재료에 대한

9남매 중 여덟째인 나는 어릴 적부터 어머니 곁에서 가사일을 도우며 김치 담그는 법과 음식을 어깨너머로 배웠다. 당시는 어머니가 유독 나만 혹독하게 부엌일을 시킨다고 생각해 '아마도 계모일거야. 그러니 나만 이렇게 일을 시키지'라며 속으로 의심하기도 했었다. 그런데 결혼하고 자식들과 먹고살기 위해 이런저런 음식 장사를 시작하면서는 그러한 경험들이 오히려 큰 밑천이 됐다. 어릴 적 어머니를 따라 들로 산으로 쏘다니며 달래를 캐고 버섯을 따고, 웅포로 들어오는 고깃배에서 계절마다 바뀌는 생선들을 접하며 자연스럽게 제철 식재료에 대한 감각을 깨우쳤던 것이다.

어머니는 배추김치를 담글 때도 검은깨를 뿌려 오방색을 맞췄고, 쓴맛이 나는 김치에는 단맛이 나는 밤이나 고구마를 넣어 맛의 균형을 맞췄다. 칼국수 한 그릇을 끓이더라도 멸치 육수를 따로 내고, 면은 별도로 삶아 건져 그릇에 담은 다음 육수를 붓고, 달걀 지단과 고명을 올려 냈다. 어머니 덕분에 음식은 정성을 쏟은 만큼 맛이 난다는 것을 자연스럽게 체득할 수 있었다.

감각을 깨우치다

세상에서 가장 맛있는 김치는 '우리 엄마 김치'

세상에서 가장 맛있는 김치는 '우리 엄마가 담근 김치'다. 예전 우리 어머니들은 가족의 식성에 따라 젓갈과 소금의 양, 고춧가루의 맵기 등을 달리해 한 명 한 명의 입맛에 맞췄다. 마치 의상 디자이너가 고객, 옷감, 계절에 따라 옷을 만들 듯 김치 또한 먹는 사람의 식성, 재료, 만드는 사람의 아이디어에 따라 무궁무진한 조합으로 만들 수 있다는 얘기다.

김치는 우리 밥상에서 빼놓을 수 없지만 주인공이 아니기에 누구도 제대로 평가하고 제값을 치르지 않았다. 그러나 이제는 달라져야 한다. 김치는 절대 가격으로 말해서는 안 되는 음식이다. 김치는 엄마의 마음과 정성이 오롯이 담겨있기 때문이다.

내가 김치에 천착하는 이유도 마찬가지다. 집집마다 대를 이어 온 김치 레시피가 있고, 집집마다 김치 맛이 다르고, 지역마다 독특한 김치가 무궁무진하다. 김치 재료의 가짓수나 그 조합은 물론 그것들이 어우러져 발효되면 원래 맛과 전혀 달라지는 것도 신기한데, 음식과 조화를 이뤄 그토록 절묘한 맛의 파노라마를 경험시켜 준 것은 김치밖에 없었다. 그러니 얼마나 다채롭고 흥미진진한가.

어머니로부터 이어받은 음식솜씨는 1997년 문을 연 전라도식 한정식전문점 '봉우리'에서 꽃을 피웠다. 제철 식재료와 음식궁합, 색감을 고려한 음식과 해물섞박지를 비롯한 다양한 김치를 상에 올렸다. 특히 전라도식 김치가 입소문을 타면서 고객들로부터 "김치 맛 때문에 자주 오게 된다. 비결이 뭐냐, 김치를 팔면 좋겠다"는 요청이 잇따랐다.

김치 맛의 비결은 좋은 재료를 사용하고 조미료와 설탕을 일절 넣지 않는 것이다. 할머니와 어머니로부터 전수 받은 그대로 단맛은 과일 등 식재료에서 자연적으로 우러나는 단맛으로 하고, 질 좋은 천일염과 잘 숙성된 젓갈 등을 사용해 정성을 다해 담그는 것이 비법이다. 이렇게 담근 김치를 맛본 고객들은 하나같이 김치가 담백하다, 뒷맛이 깔끔하다, 김치가 푹 익었는데도 아삭하고 톡 쏘는 맛이 살아있다고 입을 모았다.
'봉우리'는 김치맛 덕분에 빠른 시간에 유명세를 누리며 자리를 잡았으니 돌이켜보면 모든 게 할머니와 어머니 덕분이다. '봉우리'는 현재 아들 내외가 맡아 역삼동 본점과 을지로점 2곳을 직영으로 운영하고 있는데 김치만큼은 아직도 내가 직접 담가 공급하고 있다.

어머니에게 전수받은 해물섞박지로
'봉우리'를 열다

실패를 자양분으로 김치 공부에 매달리다

김치로 유명한 식당을 운영하면서 나도 모르게 '김치 부심'이 생겨나 김치 사업에 손을 대 쫄딱 망하기도 했다. 본격적으로 김치 사업을 시작한 계기는 2003년 어느 날, TV 뉴스를 보면서다. 강원지역에 폭우가 내려 배추와 무 가격이 폭등하는 바람에 중국산 김치가 무더기로 수입되고 있다는 기사였다. 김치 부심이 있던 나는 우리 밥상에 중국산 김치가 수입되어 올라온다니 참을 수가 없었다. 당시만 해도 '봉우리'한정식이 승승장구했고, 인생에서 한창 꽃피울 때인 40대의 혈기 왕성했던 나는 김치에 대한 애정과 열정이 넘쳐 바로 김치 사업에 뛰어들었다.

2003년 충북 단양에 (주)봉우리식품 김치공장부터 짓고 사업을 시작했다. 그러나 제조와 유통에 대해 전혀 알지 못한 채 열정만으로 뛰어들다 보니 '봉우리' 식당에서 사용하는 김치 담그는 방식과 유통을 위해 담그는 방식이 달라야 수익이 난다는 사실을 몰랐다. 좋은 식재료로 첨가물을 사용하지 않고 담그니 원가 경쟁에서 도태되었고 적자만 쌓여갔다. 결국 3년 만에 처참히 실패해 외식업으로 벌었던 돈을 한 방에 날리고 말았다. 김치맛으로 유명해져서 김치공장을 했지만, 실패를 겪으면서 깨달은 것은 우물 안 개구리에 불과했다는 처절한 반성이다. 결국 인생 공부만 크게 한 셈이 됐다.

실패가 마냥 쓰고, 아픈 것만은 아니다. 이 일이 자양분 되어 본격적으로 김치 공부를 시작하는 계기가 됐다. 고조리서 속의 김치, 향토 김치, 전통 김치 등 다양한 김치와 식재료 연구에 온 힘을 쏟았다. 김치 전문가들을 찾아다니며 노하우를 배우면서 오히려 내 김치의 강점이 무엇인지 깨닫게 되었다.

전국 팔도를 누비며 탄생한

'이하연 표 명품 김치'

맛있고 건강한 김치는 재료가 8할이다. 김치는 그만큼 재료의 중요성이 크기 때문에 싱싱하고 좋은 재료를 찾아 전국 팔도를 누비며 열과 정성을 다했다. 그 결과 전복김치, 홍어김치, 빙어김치 등 수많은 이하연 표 '명품 김치'가 탄생할 수가 있었다.

김치 공부를 하면서는 본격적으로 여러 대회에 나가 실력을 가늠하기 시작했다. 첫 출전은 2004년 김치엑스포에 고칼슘 김치를 출품했고, 은상을 수상하면서 각종 대회에 참가하기 시작했다. 이후 2005년에는 갈치포기김치, 2006년 전복포기김치를 출품해 각각 은상과 금상을, 2007년에는 김치엑스포에서 자연송이백김치로 대상을 수상하는 등 각종 대회에서 연이어 수상의 기쁨을 누렸다.

또 2010년에는 농업인의 날 농림수산식품부 장관 표창을 받았으며, 같은 해 한국신지식인협회에서 농업부문 신지식인으로 선정되었다. 2011년에는 국립수산과학원과 협력하여 전통김치 레시피 발굴 및 대중화 사업인 '어딤채' 프로젝트를 진행하며 어딤채의 홍보와 시식회 활동을 하고, 2012년 농업인의 날에는 대통령 표창을 받는 등 수많은 기관과 경연대회에서 수상과 표창을 받았다. 이때 '김치로 끝을 보자'는 생각으로 전통식품명인에 도전을 했다. 할머니와 어머니, 그리고 나에게 대물림해 전해진 전주 이씨 효령공파의 해산물김치 레시피를 재정리했다. 이를 바탕으로 2014년 전복, 낙지 등 제철 해산물을 섞어 버무려 담그는 '해물섞박지'로 농림축산식품부가 지정한 대한민국식품명인 제58호로 지정받았다.

사람들은 나를 김치명인, 김치협회 회장 등으로 부르지만 나는 스스로를 '김치 전도사'로 칭하고 싶다. 대한민국식품명인 지정을 받는 순간, 그동안의 노력이 보상받았다는 기쁨은 잠시, 사회와 산업 발전에 공헌해야 한다는 소명 의식이 더욱 분명해졌다. 이때부터 매년 김장철이면 각종 김치 행사를 통해 김장 문화를 전파하고, 어린이 요리 교실을 통해 어릴 때부터 김치를 접하게 하며, 국내·외 김치 관련 각종 행사에서 강연과 시연을 펼치며 김치를 알리는 일이라면 묻지도 따지지도 않고 어디든 달려가고 있다.

사단법인 대한민국김치협회 회장에 출마한 것도 김치에 대한 열정에서 비롯됐다. 2013년 유네스코 인류무형문화유산에 '김장 문화'가 등재됐지만 현실은 저급한 수입산 김치가 우리 식탁을 점령하고 있고, 특히 대다수 외식업소가 인력난과 원가절감을 위한 방안으로 중국산 김치를 사용하고 있다는 보도를 접했다.
"이건 아니다"는 생각이 들었다. 우리나라가 명실공히 김치 종주국인 만큼 전 세계인에게 김치의 위상을 널리 알리기 위해서는 단체의 조직된 힘이 필요하다고 생각했다.

본격적으로 김치 문화와 김치산업을 발전시키고 김치의 위상을 알리자는 마음으로 2018년 제3대 (사)대한민국김치협회회장에 도전했다. 이후 제4대 회장에 연임하면서 6년간 협회장을 역임했다. 개인 차원의 만족과 성공에 머물기보다는 맛있고 건강한 김치를 후세대와 세계인을 대상으로 알려야 한다는 책임감과 목표가 나를 움직이게 하는 강력한 원동력이었다.
지금도 '김치'라는 단어는 나를 흥분시킨다.

나를 흥분시키는 단어 '김치'
홍보대사를 자처하다

1 2023년 잼버리 대회 김치담그기 체험 행사   2 2022년 김치의 날 남산한옥마을에서   3 2018년 평창올림픽 당시 해외 언론 취재
4 2011년 남미 온두라스에서 한식 시식회 행사

2023년 제 4회 김치의 날 행사 기념식 & 시연 행사

김치의 날 제정에 일조한 것이 가장 큰 보람

협회장을 하면서 가장 보람 있었던 일은 2020년 국가 법정기념일인 '김치의 날' 지정에 일조했다는 점이다. 음식으로서는 처음으로 법정기념일이 생긴 것이다. 김치 종주국으로서의 자부심과 김치의 가치, 우수성을 알릴 수 있는 김치의 날 지정이 확정됐다는 소식을 듣자마자 나도 모르게 환호성이 터져 나왔다. 마치 김치 생일을 만들어 준 것 같아 너무 기뻤다. 김치의 날은 11월 22일이다. 김치가 '11가지 이상의 식재료로 만들어 22가지 이상의 효능을 낸다'는 의미를 살려 김장철에 맞춰 정해졌다.

김치의 날 지정을 계기로 김치 제조업체에도 많은 변화가 일어났다. 그동안 산업의 여건이 너무 열악해서 대를 이을만한 사업인지 회의적이었던 상황에서 "김치 교육과 홍보사업을 추진할 수 있는 법적 근거와 지원이 마련된다니 이 사업을 대물림해도 되겠다"는 제조업체 사장들의 이야기를 들으면서 마음이 뜨거워졌다. 또한 김치산업발전에 기여가 큰 사람에게는 김치의 날 기념식에서 훈포장이 수여될 수 있도록 해 위상을 높였다. 먹고사는 문제를 떠나 자긍심이 있어야 김치산업에서 비전을 찾고 발전시킬 수 있는 것은 당연지사다. 또한 농식품부로부터 받는 김치자조금 인상 노력도 성과를 냈다. 국회 예산 심의를 통과함으로써 김치협회가 국산 김치의 가치와 품질을 높이고, 김치를 세계만방에 알려 김치 세계화에 기여할 수 있는 견인차가 되었다.

김치의 날이 지정되자 태평양을 건너 미국의 캘리포니아주를 시작으로 버지니아주, 뉴욕주, 워싱턴 DC에서도 '김치의 날'이 기념일로 지정되는 놀라운 기적이 일어났다. 처음 캘리포니아주에서 '김치의 날'을 제정할 때는 세계김치연구소의 도움으로 관련 자료나 역사적 근거 등을 제공할 수 있었다.
K-푸드의 인기에 힘입어 김치가 미국 시장에서 큰 인기를 구가하면서 김치와 '김장문화'가 지닌 나눔과 배려라는 공동체 정신에 대한 가치에 공감한 미국 각 주 정부가 관심을 가지면서 성사가 되었다.

김치 강좌·유튜브 채널 운영으로 김치 대중화 노력

김치 문화의 지속적인 발전과 김치 세계화를 위해 가장 오랜 시간 공을 들이고 있는 일은 사람을 키우는 일이다. 김치를 제대로 만들고 알릴 사람을 양성하기 위해 경기도 덕소에 1,500여 평의 부지를 마련하고 김치 항아리 800개를 묻어 연중 김치 강좌를 개설해 김치 전문가를 양성하고 있다. 몇 년간 함께 공부한 문하생들은 전국 규모의 김치 경연대회에 참가해 걸출한 실력으로 '장관상', '대통령상' 등 수상의 영예를 안으면서 차곡차곡 전문가로서 입지를 다져가고 있다.

나는 특히 미래를 이끌어나갈 어린이들이 김치를 부담없이 접하고, 먹는 것이 김치를 제대로 지키는 일이라고 믿는다. 그래서 어린이들을 대상으로 하는 김치 프로그램에는 가능한 한 참석해 함께 만들고 나눠 먹으며 김치의 맛을 알리기 위해 노력하고 있다.

김치 홍보를 위해 가장 최근에 시작한 일은 유튜브 채널 개설이다. 영상을 더 손쉽게 접하는 시대에 살고 있는 만큼 변화하는 흐름에 맞춰 2019년 '김치쌤 이하연' 유튜브 채널을 개설해 운영하고 있다. 유튜브 채널은 현재 구독자가 약 15만 여명에 달한다. 김치 재료 고르는 법부터 계절별, 지역별 다양한 김치 담그는 법 외에 철마다 먹으면 좋은 시절음식에 이르기까지 인생을 통틀어 섭렵한 김치와 한식 요리법을 모두 공유하고 있다.

1 2023년 서울시농수산식품공사의 김장나눔 축제   2 가락시장 '대아청과' 주최 외국인 김치교실   3 2024년 찾아가는 김치교실(경북 경산)   4 제4회 서울김장문화제   5 2024년 괴산김장축제   6 2022년 EBS 최고의 요리비결   7 유튜브 '김치쌤 이하연'

김치 테마파크, 체험박물관 여는 것이 꿈

나의 마지막 꿈은 김치 체험박물관을 여는 것이다. 단순히 전시된 김치를 보는 것뿐만 아니라 김칫거리를 다듬고, 만지고, 보고, 먹어 보는 김치 테마파크다. 또 김장 문화도 되살리고 싶다. 옛날에는 춥고 긴 겨울을 나기 위해 김장하는 날이면 동네 사람들이 한데 어울려 김치를 담그고, 한 솥 가득 밥을 해 나눠 먹으면서 마치 잔칫날 같았다.

김장 문화가 유네스코 인류무형문화유산에 등재된 것도 김장 풍습을 통해 협동과 나눔의 정신을 실천하고 끈끈한 유대감을 형성할 수 있기 때문이다. 나는 지금도 10월부터 시작되는 김장철이면 각종 김치 행사 때문에 몸을 둘로 쪼개어 쓰고 싶을 정도로 바쁜 일정이지만 우리 조상들이 먹어왔던 김치 제조법이나 문화들을 오롯이 이어 나가기 위해 건강이 허락하는 한 최선을 다하고 있다.

그렇기에 김장 문화를 직접 체험할 수 있는 김치 체험박물관은 김치의 역사는 물론 김치 만들기 시연도 하고, 다양한 김치 종류를 체험하면서 마지막엔 엄마가 차려주었던 따뜻한 김치 밥상을 먹으며 문화를 직접 느낄 수 있는 곳이었으면 좋겠다는 구상이다.

100세 시대를 맞은 요즘, 너무 오래 살까봐 걱정이라고도 한다. 그러나 나는 99세, 팔팔할 때까지 김치를 담그고 싶다. 내가 가장 자신 있고, 잘할 수 있는 것, 나를 행복하게 만드는 것이 김치이기 때문이다.

스페셜 I

대한민국식품명인 제58호에 지정된
이하연 명인의 '해물섞박지'

소라, 전복, 낙지와 배추 등 화려한 재료, 세상에 없는 김치맛
우리나라에는 200여 가지의 김치가 있다. 하지만 대부분의 사람들이 알고 있는 김치는 배추김치, 깍두기, 열무김치, 물김치, 백김치, 오이소박이, 설렁탕이나 곰탕집에서 나오는 섞박지 등 열 손가락으로 꼽을 정도다. 내가 식품명인으로 지정받은 김치는 '해물섞박지'다. 식품명인 지정의 중요한 기준 중 하나가 '보존 가치'인데 '해물섞박지'가 여기에 해당한다.
'해물섞박지'는 1809년에 나온 빙허각 이씨(憑虛閣李氏)가 쓴 《규합총서(閨閤叢書)》의 '셧박지'에서 원형을 찾을 수 있다. 규합총서에 소개된 섞박지의 조리법을 보면 무, 배추, 갓, 오이, 가지, 동과 등의 채소류에 조기젓, 준치, 밴댕이젓, 굴젓을 넣고, 청각, 마늘, 고추 등의 양념에 소라와 낙지를 넣어 만드는 채소류와 해산물이 다양하게 들어가는 김치이다.
이후 1800년대 말 조리서인 《시의전서》나 1900년대 이후 근대조리서인 방신영의 《조선요리제법》의 섞박지 조리법도 규합총서와 대동소이하다.

《규합총서》의 '셧박지' 조리법을 바탕으로 연구
내가 해물섞박지로 식품명인에 지정된 것은 어쩌면 필연이라는 생각이 든다. 해산물이 풍부한 군산과 강경이 가까운 전북 익산(웅포) 출신의 나는 자연스럽게 젓갈 문화권에서 어린 시절을 보냈다. 이후 김치 공부를 하면서 《규합총서》를 접했고 '셧박지'를 봤을 때, 어머니의 김치가 먼저 떠올랐다. 젓갈류와 해산물이 주인공인 김치였다. 책에 나온 '셧박지' 조리법을 바탕으로 신선한 소라와 낙지, 전복 등의 재료를 더해 연구를 거듭했다. 그렇게 담근 김치를 전통음식 관련 행사에 출품했는데, 전문가들로부터 지금까지 경험해보지 못한 '희한한 맛'이라는 평가를 받았다. 이렇게 사라져가던 김치를 재현한 덕분에 2014년 식품명인으로 지정되었다. 대한민국식품명인은 국가가 지정하는 관련분야 최고의 기능장이다. 20년 이상 한 분야의 식품에 정진하거나 전통방식을 원형대로 보존 실현하거나 명인에게 전수교육을 받고 10년 이상 그 업에 종사한 경우등 엄격한 심사 기준을 거쳐 식품명인으로 지정된다.

해물섞박지는요…
"청량한 시원함, 매콤한 맛.
여러 가지 재료와 해산물에서 나오는 오묘한 맛.
온갖 맛이 다 느껴지다 보니 마치 한 편의 영화를 보는 것처럼
입 안의 혀에서 맛의 파노라마가 느껴진다고 해야 할까요?
세상에 이런 맛이 있을까 싶어요.
이 해물섞박지를 맛보신 분들은 맛이 신비스럽다고들 하세요."

해물섞박지

재료 준비하기

절임 배추 2.5kg, 절인 무 1kg
절인 오이 500g, 절인 가지 250g
절인 동과(콜라비) 500g, 전복 100g
소라 100g, 낙지 150g, 생새우 50g
굴 100g(동절기), 감초물 20L

부재료

무 800g, 배 100g, 쪽파 50g
갓 50g, 미나리 50g

양념

고춧가루 50g, 고운 고춧가루 15g
다진 마늘 50g, 다진 생강 10g
새우젓 25g, 토판염 25g

국물

생수 1.5L, 황석어젓국물 1L
새우액젓 50g, 다시마물 200ml
배즙 100g, 토판염 35g, 다진 마늘 25g
다진 생강 5g, 고운 고춧가루 50g

고명

삭힌 고추 40g, 배 250g, 통 대추 15g

담그기

1. 배추는 1통을 각각 4쪽으로 나누어 소금에 절여 씻은 다음 채반에 받쳐 물기를 뺀다.

   - 지금은 배추를 1년 내내 구할 수 있지만 뭐니 뭐니 해도 가장 맛있는 배추는 월동 배추이다. 당도가 높아 양념을 달게 하지 않아도 충분히 맛이 좋다.
   - 여름 고랭지 배추는 당도가 낮아 단맛이 나는 재료인 배(梨)의 양을 좀 늘려주어야 한다.
   - 배추는 밑동에 칼집을 내준 후 손으로 쪼개야 배춧잎이 칼에 부서지지 않는다.
   - 3~4kg 내외 잎이 노란 배추를 고르는데 파란 겉잎이 붙어있는 것이 맛도 좋고 김치를 담글 때 우거지로 덮을 수도 있어서 좋다. 속이 너무 꼭 찬 것보다 90% 정도 찼다고 느껴질 정도로 조금 헐거운 것이 절이기도 용이하고 김치소를 넣기도 좋다. 4kg 이상 너무 큰 배추는 균일하게 절이기 어렵다.
   - 배추절임은 김치의 맛을 내는데 가장 결정적인 변수이다. 소금이 배추에 묻은 잡균을 제거하면서 삼투압 작용으로 배추 세포사이에 양념이 스며들 수 있는 공간을 만들어 준다.
   - 이 절임 과정을 통해 아삭하면서도 흐물거리지 않는 독특한 식감이 생기도록 잘 살리는 게 절임의 포인트이다.
   - 최근에 김치의 염도를 낮추기 위해 배추의 절임 염도를 너무 낮게 잡기도 하는데 양념과 섞여 최종 염도가 맞는다고 해도 기본적으로 배추절임이 잘되어 나는 깊은 맛과는 다르다.
   - 반드시 간수를 뺀 천일염을 사용하는데 그중에서도 바닥에 장판이나 타일을 깔지 않은 염전에서 수확한 토판염을 사용한다. 천일염 중에서도 가장 가격이 높지만 그만큼 절일 때 사용하는 소금이 배추의 맛과 아삭한 식감에 결정적인

- 영향을 주기 때문이다.
- 특히 해외에서 천일염을 못 구해 암염으로 배추를 절였을 때 너무 쉽게 물러지면서 쓴맛이 나는 경험을 여러 번 한 후 토판염을 고수하고 있다.
- 배추는 염수를 만들어 절이는데 물의 온도, 바깥 날씨, 김치를 몇 시에 담글 것인지에 따라 물의 온도, 소금의 양, 총 절임 시간을 달리한다.
- 배추 1포기당 2L의 염수를 만들어 사용한다.
- 김장철, 월동 배추로 담는 해물섞박지의 배추는 절였다가, 건져서 행군 후 물기를 충분히 빼주어야 한다.

2 무는 절반을 잘라 4등분 (총 8조각) 하여 잘게 칼집을 내고 오이는 각각 3등분하여 중간에 칼집을 내고, 가지도 각각 절반 잘라 2등분 (총 4조각) 하고, 동과는 껍질을 깎아 무와 비슷한 크기로 썰어 소금에 절여 준비한다.

- 김장용 무는 그냥 먹어도 맛있을 정도로 당도가 충분한데 바람들지 않고 단단한 것으로 골라 소금에 절인다.
- 요즘에는 오이와 가지를 1년 내내 구할 수 있지만 예전에는 여름 끝물에 따게 되므로 저장해 두었다가 김장하는 11월에 꺼내 사용하였다.
- 오이는 소금물에 절여 저장하므로 오이지 형태로 김치에 넣고, 가지는 재에 묻어두면 오래도록 상하지 않았다.
- 동과는 조선시대에 무척 즐겨 먹던 채소로 박과 비슷한데 지금은 거의 재배하지 않기 때문에 키우는 사람을 찾아 부탁해서 어렵사리 구하고 있다. 동과는 큼지막하게 썰어 김치를 항아리에 넣을 때 옆에 넣는다.(동과 대신 콜라비를 썰어 넣어도 좋다.)

3 전복, 소라, 낙지는 손질해 감초물에 살짝 데쳐 잘게 썰어 준비한다. 굴은 손질한 채로 준비해 놓는다. (굴은 동절기에만 쓴다.)

- 예로부터 웅포는 해산물이 흔해서 음식 재료로 다양한 해산물을 사용했다. 어머니가 담그실 때는 생물을 그대로 넣었는데 요즘은 해산물의 비릿함을 싫어하는 사람들이 많아서 식감을 그대로 살리면서 풍미도 해치지 않을 정도로 살짝 데쳐 사용하기 시작했다. 데칠때 감초물에 데치면 잡내가 훨씬 잘 잡히고 담백해진다.
- 해물섞박지의 맛을 결정짓는 가장 중요한 재료는 낙지, 소라, 젓갈을 비롯한 해산물로 싱싱하고 좋은 재료를 구하는 것이 핵심이다.

4 재료의 쪽파, 갓, 미나리는 2cm 길이로 썬다.

- 암전한 모양새를 내기 위해 길이를 조금 짧게 썰어준다.
- 갓과 미나리는 톡 쏘는 맛과 독특한 향이 있어 국물이 있는 김치에 반드시 넣는데, 김치가 빨리 시는 것을 방지해 주는 역할도 있다.

5 분량의 양념을 섞어 준비한 김칫소에 손질해 놓은 3의 해산물을 넣고 다시 잘 버무려 미리 준비해 놓는다. 새우액젓과 소금으로 간을 한다.

- 고추는 건고추를 물에 불려 김치 담기 전 바로 믹서(절구, 확독)에 갈아서 사용하는 것이 가장 좋다. 그러나 입자가 고르지 않고 고추씨가 많으면 텁텁할 수 있어 고춧가루와 반반씩 사용하면 가장 맛있다. 고추는 꼭 영양 고추를 쓰는데 잘 세척하여 건조시킨 것으로 빛깔과 매운 정도가 알맞은 것을 까다롭게 고른다.
- 마늘은 의성 마늘을 사용한다.
- 생강은 너무 많이 들어가면 쓴맛이 나므로 마늘보다 적은 양을 넣는데 알이 통통하고 쪼개었을 때 심이 없는 것을 쓴다.
- 새우젓은 배 위에서 바로 젓갈로 담근 후 판매하므로 직접 담그지 않고 계절에 따라 오젓, 육젓, 동백하젓, 붉새우젓 등 최상품으로 구매한다.
- 나중에 젓국물을 붓기 때문에 김치소의 간은 새우젓과 소금으로만 한다.

6 절임 배추에 5의 소를 넣어 김치를 만들어 준비한다.

- 통배추김치 만드는 법과 동일하게 김칫소를 배춧잎 사이사이에 넣어준다.
- 배추 대비 양념의 비율이 20% 이상 넘지 않도록 한다. 양념의 양이 많아진 건 근래의 일이다. 너무 양념이 많으면 좋은 재료가 제대로 발효되었을 때 나는 고유의 김치맛을 느낄 수가 없다.
- 완성된 배추김치를 그릇에 담아 둔다.

7 국물은 생수와 황석어젓국물, 다시마물에 마늘, 생강, 고춧가루를 섞은 후 새우액젓과 소금으로 간해 베보자기에 국물을 걸러 놓는다.

- 항아리에 넣을 김치 간 국물을 만들기 위해 젓국을 미리 만들어 둔다.
- 김치에 사용할 황석어젓은 제철인 봄에 미리 담가둔다.
- 소금을 황석어 무게의 30% 비율만큼 넣고 항아리에서 숙성시키면 잘 삭아서 김장 때 쓸 수 있다.

8 배는 8등분하여 씨가 있는 중심 부분은 잘라낸다.

- 배는 설탕을 사용하지 않고도 시원한 단맛을 더해 줄 수 있다. 최근에 매실청 등 설탕절임액을 발효액이라고 하여 많이 사용하는데 김장용 배추, 무는 당도가 낮지 않고 배 정도의 과일이면 은은한 단맛과 유산균발효에 충분한 당분이 공급되니 인위적인 단맛을 많이 넣어 오히려 김치맛을 망치는 것을 경계하면 좋겠다.

9 준비된 항아리에 소를 넣은 배추와 절여놓은 무, 오이, 가지, 동과를 번갈아 가며 차례로 넣는다.

- 항아리에 먼저 무를 넣어 바닥에 깔고 위에 소를 넣은 배추를 한 켜 깔아준 뒤 그 위에 오이, 가지, 동과를 적당히 한 켜 깔아준다. 계속 한 켜씩 번갈아 가며 넣으면 된다.

10 9에 배추 겉잎을 덮은 다음 베 보자기로 걸러 놓은 국물을 붓고 통대추, 삭힌 고추, 배를 넣고 마무리한다.

- 일반 통배추김치에 비해 국물의 양이 자작자작하기 때문에 동치미 담글 때처럼 통대추와 삭힌 고추를 넣어주면 국물도 칼칼해지고 한층 풍부한 맛이 난다.
- 쪽파도 타래 지어 함께 넣어주면 국물 맛이 더 좋아진다.
- 예전에는 댓잎을 마지막에 덮어 보관했다. 댓잎은 김치의 이상발효를 막아주는 역할을 한다.

11 상온에서 하루 정도 익힌 다음 냉장고에 넣어 두고 10일 정도 숙성시킨 후 먹는다.

- 해물섞박지는 오래 두고 먹는 저장 김치라기보다는 조금씩 담가 익었을 때 바로 먹는 김치이다.
- 해산물과 젓갈류를 많이 넣어 담그기 때문에 감칠맛이 강하지만 빨리 시어진다. 그러나 통배추김치처럼 시었다고 찌개나 만두에 넣어 먹을 수도 없으니 명절이나 손님 치를 때 그때그때 담가 먹었다.
- 예전에는 땅을 파 김칫독을 묻어 보관했다.

참조 《아름다운 이야기》
아름다운 이야기는 농식품부에서 각 식품명인들의 이야기를 구술한 자료이다. 해물섞박지로 식품명인을 받은 이후 제조 과정, 원료, 레시피 등을 상세하게 기록해 놓았다.

Chapter 2

김치가 익어가는 시간

좋은 배추 고르기

좋은 배추를 고르는 것은 김치의 맛과 품질을 결정짓는 중요한 요소이다. 신선한 배추는 녹색이 선명하고 잎이 탄력 있으며 깨끗하다. 무게는 약 2.5~3.5kg 정도가 적당하며, 줄기는 적당히 얇고 길게 자라 있어야 하며, 잎은 색상이 균일하게 초록색을 띠는 것이 좋다.

좋은 고춧가루 고르기

고추는 김치 맛에 큰 영향을 미치기 때문에 좋은
고추를 고르는 것이 매우 중요하다.
잘 건조된 고추는 윤기가 나며 광택이 좋다.
고추씨는 적을수록 좋고, 흔들어서 씨앗 소리가
딸랑거리는 것이 잘 건조된 고추다.
과피를 살짝 씹었을 때 매콤달콤하며
두꺼운 것이 좋다.
고추 꼭지가 황색은 태양초이고,
진녹색은 화건초이다.

밴댕이젓

까나리액젓

새우오젓

맛있는 젓갈 고르기

우리나라 젓갈의 종류는 140가지가 넘는다. 가장 널리 쓰이는 젓갈은 새우젓과 멸치젓, 황석어젓이다. 좋은 소금을 써서 잘 삭힌 젓갈은 첫입엔 짠 듯해도 뒷맛이 달고 냄새도 덜하다. 젓갈은 어떻게 쓰느냐에 따라 김치 맛이 달라진다. 새우젓과 액젓만 쓰면 깔끔하고 멸치젓이나 황석어젓을 섞으면 감칠맛이 깊다.

자리돔젓   새우육젓

꽁치액젓

황석어젓

멸치생젓

좋은 소금 고르기

김치를 담글 때는 주로 천일염을 사용하는데 간수를 빼면 쓴맛이 줄어들고 미네랄 함량이 높아지므로 3년 이상 간수를 뺀 소금이 좋다. 좋은 소금은 우윳빛이 나고 입자가 고르며, 비볐을 때 손에 묻지 않고 잘 부서진다. 좋은 소금은 몇 알 입에 넣으면 감칠맛과 단맛이 느껴진다.

자하젓

새우추젓

토판염

천일염

세하젓

능쟁이젓

멸치액젓

조기젓

갈치속젓

젓갈 담그기

짭짤하고 감칠맛 나는 저장 식품

젓갈은 수산물이 가장 많이 잡힐 때 염장을 하므로 지방마다 담그는 종류와 시기가 다르다. 우리나라의 젓갈 종류는 약 140여 종에 이른다. 가장 흔한 젓갈은 새우젓, 조기젓, 황석어젓, 멸치젓 등으로 주로 김치 담글 때 넣는다. 오랫동안 보관이 가능하며, 숙성되면 특유의 향과 감칠맛이 난다.

황석어젓

재료
황석어 10kg, 천일염 2.5kg
찹쌀죽 3kg(찹쌀 340g + 물 2.8L), 천일염 750g

담그기

1. 찹쌀죽을 쑤어 소금 750g을 넣고 섞은 후 식힌다.
2. 황석어를 소금물에 한 번 헹궈 채반에 건져 물기를 뺀다.
3. 물기를 뺀 황석어에 소금 2kg을 넣어 골고루 섞는다.
4. 3에 찹쌀죽을 넣고 고루 섞는다.
5. 항아리에 4를 넣고 남은 소금 500g을 맨 위에 이불처럼 덮은 뒤 밀봉해 뚜껑을 닫고 상온에 숙성시킨다.
6. 젓갈은 2년 정도 숙성시켜야 제맛이 든다.

멸치젓

재료 멸치 10kg + 천일염 2.5kg, 찹쌀죽 3kg + 천일염 750g

담그기

1. 멸치는 신선하고 살이 통통한 멸치를 사용하고, 이물질을 제거한 후 물에 헹궈 물기를 잘 빼준다.
2. 멸치 무게의 10~15% 정도의 소금을 멸치와 잘 섞어준다.
3. 미리 쑤어둔 찹쌀죽에 소금 750g을 넣어 고루 섞어 식힌다.
4. 2와 3을 합쳐서 고루 섞은 후 항아리에 담고 맨 위에 소금을 한 켜 덮어준다.
5. 서늘하고 통풍이 잘되는 곳에서 2~3년 발효시킨다.

조기젓

재료 조기 10kg, 천일염 2.5kg
소금물(끓여서 식힌 물 3L + 천일염 750g)

담그기

1. 싱싱한 참조기 새끼를 골라 조기의 비늘을 벗기고 내장을 제거한 다음 물에 헹궈 물기를 잘 빼준다.
2. 소금 2kg을 내장을 제거한 조기 속과 아가미에 채워 넣고, 나머지 소금은 조기와 고루 섞어 항아리에 담는다.
3. 분량의 소금물을 항아리에 부어 주고, 맨 위에 남은 소금 500g을 이불처럼 덮은 뒤 밀봉한다.
4. 실온에서 2~3년간 숙성한다.

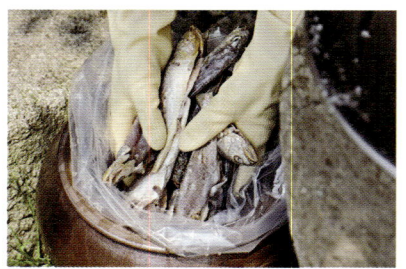

새우젓	**새우육젓** : 주로 백김치 담글 때 쓴다. 육젓을 꼭 짜서 국물은 백김치 양념소에 넣고, 건더기는 물을 붓고 끓여서 식힌 다음 체에 밭쳐 소금간을 더해 백김치 국물로 부어준다. **새우 오젓·추젓·세하젓** : 다지거나 믹서기에 마늘·생강을 갈 때 같이 갈아서 사용한다. **자하젓** : 감동젓무 담글 때 사용한다.
조기젓·황석어젓	젓국지·민어김치·해물섞박지 등 해산물이 들어가는 김치에 젓국물만 쓰고 살코기는 갖은양념에 무쳐 밥반찬으로 사용한다. 머리나 뼈는 물을 1:1 비율로 붓고 끓여 체에 밭쳐 진젓국과 섞어서 김치 담글 때 쓴다.
멸치액젓·까나리액젓	서울·경기식 배추김치나 각종 별미김치에 새우젓과 함께 두루 사용한다.
멸치생젓	고들빼기·갓·파김치 등 남도식 별미 김치 담글 때 건고추·마늘·생강 갈 때 같이 갈아서 사용한다.
갈치속젓	갈치김치나 진한 맛의 남도식 김치 담글 때 멸치생젓 대신 사용하기도 하고 섞어서도 사용한다. 건고추·마늘·생강과 같이 믹서기에 갈아서 사용한다.
밴댕이젓	강화 순무 김치 담글 때 사용한다. 젓국물만 김치에 넣고 건더기는 다져서 갖은양념에 무쳐 밥반찬으로 사용한다.
꽁치액젓	서거리깍두기나 강원도지역 김치 담글 때 사용한다. 동해안 바닷가 지역에서 주로 쓰는 젓갈이다.

♣ 젓갈은 가족 구성원의 입맛을 고려해서 담글 때 좋은 소금을 쓰고 첨가물 없이 담가 2년 이상 숙성한 원액으로 김치를 담가야 익어가면서 향이 좋고 맛있다.

육수 내기

다시마육수

재료 다시마 20g, 물 1L

만들기

1 냄비에 물을 붓고 다시마는 키친타올로 깨끗이 닦아 넣고 끓인다.
2 끓고 나서 10분 후 불을 끄고 다시마는 건지고 완전히 식혀서 쓴다.

소고기육수

재료 소고기 양지사태 300g, 물 2L

만들기

1 소고기는 양지를 준비해 2시간 정도 찬물에 담궈 핏물을 충분히 제거한다.
2 끓는 물에 잠깐 넣었다가 건져 찬물에 헹군 뒤 다시 새 물 2L를 붓고 센 불에 끓인 후 중·약불로 줄여 1시간 정도 끓여 불을 끄고 식혀 면포에 걸러 쓴다.

채수

재료 건표고 30g, 물 500ml, 양배추 50g, 무 50g 당근 50g, 애호박 50g, 다시마 20g, 물 3L

만들기

1 건표고를 물 500ml에 2시간 정도 담가 불려준다.
2 양배추, 당근, 애호박, 무를 깨끗이 씻어 적당한 크기로 썰어놓는다.
3 냄비에 물 3L를 붓고 1과 2, 다시마를 넣고 20분 정도 끓이다 다시마는 건진다.
4 중불로 줄여 20분 더 끓인 다음 건더기는 건지고 체에 걸러 완전히 식혀서 쓴다.

황태머리육수

재료 황태머리 50g, 무 100g, 물 1L

만들기

1 황태머리는 키친타올로 닦고 무는 썰어 놓는다.
2 냄비에 물 1L를 붓고 황태 머리와 무를 넣은 후 센 불에 끓이고, 중불로 줄여 20분 정도 더 끓인다.
3 체에 밭쳐 완전히 식혀서 쓴다.

차조죽

♣ 율무죽
재료 율무 150g, 물 1.4L
만들기 율무를 씻어 미지근한 물에 담가 4~5시간 불린다. 냄비에 물을 붓고 불린 율무를 넣고 센 불로 끓이고, 중불로 줄여 30분 이상 율무가 퍼지도록 끓여서 불을 끈 후 완전히 식혀서 사용한다.

밀가루감자풀

율무죽

보리죽

밀가루풀

메조밥

♣ 현미죽
재료 현미 170g, 물 1.4L
만들기 현미를 씻어 미지근한 물에 담가 4시간 불린다. 냄비에 물과 현미를 넣고 10분 정도 끓인 후 중불로 줄여서 20분 끓인 후 불을 끄고 완전히 식혀서 사용한다.

찹쌀죽

현미죽

풀쑤기

감자풀

재료 감자 150g, 밀가루 20g, 물 1L

만들기

1 감자는 껍질을 벗겨 깨끗이 씻은 다음 강판에 간다.
2 1에 밀가루를 넣고 잘 저어준다.
3 냄비에 물을 붓고 끓이다 2를 넣고 보글보글 끓으면 불을 끄고 완전히 식혀서 쓴다.

물김치용 밀가루풀

재료 밀가루 20g, 물 1L

만들기

1 물 200ml에 밀가루 20g을 넣고 잘 개어 준다.
2 냄비에 물을 붓고 끓이다 팔팔 끓을 때 1을 넣고 보글보글 끓으면 불을 끄고 완전히 식혀서 쓴다.

보리죽

재료 보리 100g, 물 1L

만들기

1 보리를 씻어 미지근한 물에 담가 3~4시간 충분히 불린다.
2 냄비에 물과 불린 보리를 넣고 센 불로 끓이고 중불로 20분 끓인 후 약불에 5분 정도 더 끓여 보리가 퍼지면 불을 끈다.
3 완전히 식혀서 믹서기에 곱게 갈아서 쓴다.

찹쌀죽

재료 찹쌀 170g, 물 1.4L

만들기

1 찹쌀을 씻어 2시간 정도 불린 후 체에 건진다.
2 냄비에 물과 불린 찹쌀을 넣고 20분 정도 끓여 쌀알이 퍼지면 불을 끄고 완전히 식혀서 쓴다.

배추 절이기 소금물 비율은 배추 1포기(3kg) 기준 물 2L에 소금 300g이 적정하다. 날씨와 기온, 재료 상태에 따라 소금의 비율이나 절이는 시간에 변화를 주면 최상의 김치맛을 낼 수 있다.

김장배추(10시간 내외)

배추 1통(3kg)당 물은 1L, 소금은 300g이 필요하다. 절이는 시간은 10~12시간 정도가 적당하며 중간에 한 번 뒤집어서 절이는 것이 좋다. 추운 날씨에 실외에서 절일 경우는 2~3시간 더 길게 잡아 절여야 알맞다. 배추의 아삭한 씹는 맛을 좋아한다면 1~2시간 정도 줄여서 절이고, 백김치를 담글 때도 절이는 시간을 줄여서 살짝만 절인다. 절인 배추를 씻은 후 물기가 남아 있으면 양념이 겉돌고 맛이 싱거워지므로 채반에 엎어서 자른 단면이 아래로 가도록 두고 3시간 이상 물기를 완전히 빼는 것이 중요하다.

봄·여름 배추(5시간 내외)

봄·여름 배추는 부피는 같아도 들어보면 가을배추에 비해 배추 속이 덜 차 무게가 덜 나간다. 그러나 배추 자체에 수분이 많아 김장철 소금양의 2/3 정도만 사용해 절이면 충분하다. 절이는 시간도 5~6시간으로 짧게 잡아야 한다. 2~3시간이 지난 다음 뒤집어서 아래위의 위치를 바꿔서 절이며 물기 빼는 시간은 2시간이면 충분하다. 날씨가 더우면 빨리 절여지므로 소금의 양을 줄이거나 절이는 시간을 짧게 잡는 것이 좋다.

배추 절이기

재료 배추 1통(3kg), 물 2L, 천일염 300g

절이기

1 배추는 지저분한 겉잎을 떼어내고 밑동에 칼집을 넣은 다음 손으로 벌려서 쪼갠다. 밑동에 칼을 너무 많이 넣으면 배추가 부서지기 쉽고 맛이 없으므로 되도록 손으로 가르도록 한다.

2 분량의 물에 소금 양의 반을 풀어 넣어 녹이고 배추를 담근 다음 배춧잎을 벌려가며 소금간이 잘 배도록 사이사이에 소금물을 뿌려가며 적신다.

3 소금물에 적신 배추를 다른 통에 담고 나머지 소금을 이파리가 아닌 줄기 쪽으로 훌훌 뿌린다. 잎에까지 소금을 뿌리면 나중에 짜지므로 주의해야 한다. 이때 자른 단면이 위로 올라오도록 해서 켜켜이 배추를 쌓아야 잘 절여진다.

4 배추를 다 쌓으면 남은 소금물을 붓는다. 절이는 중간에 아래위의 배추 위치를 바꿔준다.

5 배추 줄기를 구부려 봤을 때 부러지지 않고 탄력 있게 절여지면 물에 헹군다. 수분이 너무 많이 빠지면 아삭아삭한 식감이 떨어지므로 주의해야 한다. 흐르는 물에 3번 정도 헹군 다음 채반에 건져서 물기를 뺀다. 이때는 물이 잘 빠져나가도록 배추의 잘라진 단면이 아래로 가도록 엎어서 쌓는다. 물기가 남아 있으면 질척질척하고 양념이 제대로 스미지 못하므로 완전히 빼는 것이 좋다.

열무와 얼갈이 절이기

여름 열무와 얼갈이(1시간 내외)

주로 여름에 담그게 되므로 소금 농도를 약하게 해서 금방 절인다. 길이가 짧고 연한 열무의 경우 1단이면 2kg의 무게가 나가며 절이면 1.6~1.7kg 정도 된다. 열무 1단을 절이려면 물 1L에 소금 70g 정도가 필요하다. 그래야 열무가 소금물에 푹 잠겨 빠른 시간에 골고루 절여진다. 열무는 절인 다음에 씻으면 열무 특유의 향이 없어지고 풋내가 나므로 처음부터 깨끗하게 씻어서 절이는 게 좋다. 물김치에 넣을 때는 국물을 좀 싱겁게 하면 되니까 짜게 절여졌다 싶어도 헹구지 말고 그대로 쓰는 게 좋다.

얼갈이 절이는 법은 열무와 같다. 1단에 2kg 정도 무게가 나가는데 염도도 똑같이 맞추면 된다. 얼갈이는 열무보다 절여지는 시간이 좀 더 걸리니 30분 정도만 더 절이면 된다. 줄기 부분이 먼저 절여질 수 있도록 세워서 절이고 뒤집을 때 뉘어서 절인다.

재료 열무 1단(2kg), 물 1L, 천일염 70g

절이기

1. 열무는 뿌리 부분의 껍질을 칼로 긁어 벗겨내고 밑동도 정리한 다음 물에 세 번 정도 씻는다.
2. 분량의 물에 소금의 2/3를 풀어 녹인 다음 열무가 잠기도록 넣고 나머지 소금을 뿌린다.
3. 30분 정도가 지난 후 한 번 뒤집고 다시 20분간 절인 다음 숨이 죽으면 소쿠리에 건진다.

김치 담그기 전 알아둘 것

우리나라에는 가구 수만큼 다양한 김치의 맛이 존재한다. 가장 맛있는 김치는 '엄마가 담가준 김치'라는 말이 있듯이 김치의 간, 사용하는 젓갈, 선호하는 모양도 제각각이다.
여기에서는 나의 경험치에 의한 기준을 제시하고자 한다.

1. 김치명인 이하연의 《별별김치》는 이하연 명인이 제공한 레시피로 전문가와 일반인도 쉽게 따라 할 수 있도록 계량화한 것이 특징이다.

2. 최근에는 일반 가정에서 김장할 때 절임 배추를 구입해 담그는 것을 고려해, 배추김치류는 절임배추 사용을 기본으로 하고 배추, 열무 등 절이는 방법은 따로 정리해 두었다.

3. 풀쑤기, 육수내기, 젓갈담그기 등 기본적인 사항도 레시피 시작 전에 따로 정리하고, 본문 레시피에는 별도의 설명은 생략했다.

4. 김치 재료를 절이거나 웃소금을 뿌릴 때 사용하는 소금은 3년 이상 간수를 뺀 천일염을 사용한다. 열무 물김치나 나박김치, 백김치 등 김치의 간을 맞출 때는 불순물을 제거한 세척 토판염으로 간을 맞춘다.

5. 진젓과 액젓, 젓국물은 각각 구분된다. 진젓 또는 생젓은 삭힌 젓갈이고, 액젓은 삭힌 젓갈의 건더기를 걸러낸 맑은 국물이다. 젓국물은 담가 두었던 젓과 물을 섞어 끓여 체에 밭쳐 식힌 국물이다.

레시피의 정확도를 높이기 위해 분량은 g, kg, ml, L로 하고, 1컵은 종이컵 기준이다. 분량은 아래와 같이 계산하면 된다.

종류	기준	무게
간장, 액젓 젓갈, 육수	1컵 (200ml)	200g
	1T (15ml)	15g
	1t (5ml)	5g
천일염	1컵(200ml)	200g
	1T (15ml)	15g
	1t (5ml)	5g
고춧가루 밀가루	1컵 (200ml)	100g
	1T (15ml)	8g
	1t (5ml)	3g
다진 마늘 다진 생강	1컵 (200ml)	200g
	1T (15ml)	12g
	1t (5ml)	7g
찹쌀죽 밀가루풀	1컵 (200ml)	200g
	1T (15ml)	15g
	1t (5ml)	5g

도구

1 쇠절구 2 계량컵 3 채반 4 염도계 5 저울 6, 7 온도계 8 채소필러 9 국자 10 계량스푼 11 채칼
12 밤칼 13 가위 14 거름채 15 알뜰주걱

썰기

1 석이 채썰기 2 꽃대추 3 밤 편썰기 4 배추 나박썰기 5 무 나박썰기 6, 7 청·홍고추 어슷썰기 8, 9 청·홍고추 송송썰기
10 부추 썰기 11 쪽파 썰기 12 미나리 썰기 13 무 채썰기 14, 15 청·홍피망 채썰기 16 오이 돌려깎기

Chapter 3

김치 담그기

Kimchi Recipe

Part 1 배추김치

Part 2 백김치

Part 1 배추김치

서울식 배추포기김치

고춧가루를 적게 쓰고, 멸치젓·새우젓·황석어젓 3종을 사용하며 국물이 자박한 형태로 젓국지와 비슷했다. 요즘에는 새우젓과 멸치액젓을 사용해 젓갈향이 덜하고 간이 슴슴하게 담은 것을 통상 서울식 배추김치라고 한다.

재료 준비하기

절임 배추 10kg, 무 1.5kg
갓 300g, 쪽파 300g
미나리 200g, 배 700g

양념

다시마 육수 600ml
찹쌀죽 600g, 생새우 300g
고춧가루 600g, 다진 마늘 450g
다진 생강 90g, 멸치 가루 30g
검은깨 20g

젓갈

멸치액젓 400ml, 새우젓 100g

담그기

1 절임 배추를 준비한다.

2 무와 배는 0.5cm 두께로 채 썬다.

3 갓, 쪽파, 미나리는 각각 4cm 길이로 썬다.

4 생새우는 옅은 소금물에 씻어 건져 물기를 뺀 다음 칼로 잘 다지고, 새우젓 건더기도 다진다.

5 양념 재료와 멸치액젓을 잘 섞고, 2, 3, 4를 넣어 김칫소를 만든다.

6 절인 배추 사이사이에 소를 넣고 배춧잎에 양념이 잘 묻게 치댄 후, 겉잎으로 전체를 돌려 싸고 단면이 위로 오도록 통에 담는다.

7 통의 80% 정도를 채워 김치를 담고, 배추 겉잎을 덮어 공기가 통하지 않도록 꼭꼭 눌러둔다.

 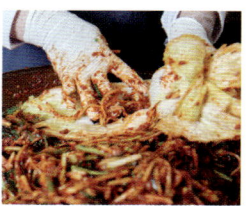

Part 1 배추김치

전라도식 배추포기김치

고춧가루와 양념이 듬뿍 들어가고 멸치액젓, 멸치생젓, 갈치속젓, 새우젓 등 다양한 젓갈을 사용하는 것이 특징이다. 전라도 김치는 익을수록 깊은 감칠맛이 난다.

재료 준비하기

절임 배추 10kg, 무 1.5kg
갓(부추) 300g, 쪽파 300g
배 300g

양념

멸치육수 600ml, 찹쌀죽 600g
생새우 300g, 고춧가루 300g
건고추 300g, 통마늘 450g
통생강 90g, 흰깨 20g

젓갈

멸치 생젓 250g
멸치액젓 150ml, 새우젓 100g

담그기

1 절임 배추를 준비한다.
2 무와 배는 0.5cm 두께로 채 썬다.
3 갓과 쪽파, 부추는 각각 4cm 길이로 썬다.
4 생새우는 옅은 소금물에 씻어 건져 물기를 뺀다.
5 건고추는 꼭지를 딴 후 가위로 3등분 한 다음 씨를 털고 물에 씻어서 준비한다.
6 믹서기에 마늘, 생강, 멸치 생젓, 새우젓, 생새우, 찹쌀죽, 멸치육수에 불린 건고추를 넣고 간다.
7 6에 2, 3, 4의 재료를 넣고 잘 버무려 김칫소를 만든다.
8 절인 배추 사이사이에 소를 넣은 후 겉잎으로 전체를 돌려 싸고, 단면이 위로 오도록 통의 80%만 채워 김치를 담은 후 배추 겉잎을 덮어 공기가 통하지 않도록 꼭꼭 눌러준다.
9 서늘한 곳에 2~3일 1차 숙성 후 냉장 보관한다.

Part 1 배추김치

소금지

젓갈을 넣지 않고 천일염만으로 간을 해 담그는 김치다. 일반 배추김치보다 양념을 적게 사용해 익을수록 시원한 맛이 난다. 비건 인구가 점차 늘어가고 있는 가운데 비건 김치로 손색없다.

재료 준비하기

절임 배추 2.5kg, 무 400g
갓(부추) 25g, 쪽파 35g
미나리 25g, 배 150g
사과 100g

양념

고춧가루 75g, 다시마물 100ml
찹쌀풀 100g, 다진 마늘 75g
다진 생강 10g, 생수 150ml
토판염 25g

담그기

1 절인 배추를 준비한다.
2 무와 배, 사과는 0.5cm 두께로 채 썰고, 쪽파·미나리·갓(부추)은 4cm 길이로 썬다.
3 생수에 토판염을 먼저 녹인 후 나머지 양념 재료를 모두 넣고 섞는다.
4 3에 2를 넣고 버무려 김치소를 만든다.
5 절인 배추에 4의 소를 켜켜이 넣고 가지런히 오므린 후, 겉잎으로 감싸 항아리에 담는다.
6 서늘한 곳에 36시간 두었다가 김치냉장고에서 20일 숙성시켜 먹는다.

Part 1 배추김치

씨묵은지

고추씨를 넣어 담근 씨묵은지는 김치찜 등 요리용으로
사용하거나 돼지고기, 홍어 등을 먹을 때 함께 먹으면 고춧가루만
넣은 것보다 톡 쏘는 시원함과 칼칼한 맛이 일품이다.

재료 준비하기

절임 배추 10kg, 무 1.5kg
쪽파 150g, 대파 150g, 갓 150g

양념
다시마물 600ml, 마늘 300g
생강 80g, 고춧가루 500g
고추씨 200g, 멸치가루 10g
생수 200ml, 토판염 15g

젓갈
새우젓 100g, 멸치생젓 200g
멸치액젓 650ml

담그기

1 절임 배추를 준비한다.
2 솔로 무 껍질을 문질러 가며 씻은 다음 지저분한 부분만 도려낸 다음 깍둑썬다.
3 갓은 흐르는 물에 씻어 건져 물기를 뺀 다음 각각 4cm 길이로 썬다.
4 깨끗이 씻은 대파의 흰 부분과 깍둑썬 무, 다시마물, 마늘, 생강, 새우젓, 멸치생젓을 넣고 믹서에 간다.
5 생수에 소금을 충분히 녹여 4의 갈아놓은 재료와 고춧가루, 고추씨, 멸치가루, 멸치액젓과 갓을 넣고 김칫소를 만든다.
6 절인 배추 사이에 소를 넣은 후 겉잎으로 전체를 돌려 싸고 단면이 위로 오도록 통에 담는다.
7 통의 80% 정도를 채워 김치를 담고, 절인 배추 겉잎으로 덮어 공기가 통하지 않도록 꼭꼭 눌러둔다.
8 실온에 하루 숙성 후 냉장고에서 6개월 이상 숙성하면 깊은 맛의 묵은지가 된다.

Part 1 배추김치

이북식 배추김치

이북식 배추김치는 양념이 적고, 국물이 넉넉한 것이 특징이다.

재료 준비하기

절임 배추 5kg, 쪽파 20g

양념
무 300g, 배 300g, 토판염 60g

젓갈
새우젓 50g, 생수 1L

국물
생수 1.5L, 토판염 10g
찹쌀죽 100g
고운 고춧가루 100g
다진 마늘 50g, 다진 생강 5g

담그기

1 절임 배추를 준비한다.
2 무는 솔로 문질러 씻고, 배는 껍질을 벗겨 씨를 도려낸 다음 모두 강판에 간다.
3 생수 1L를 팔팔 끓이다 새우젓을 넣고 다시 한번 팔팔 끓인 뒤 불을 끄고 식힌다.
4 쪽파는 씻어서 체에 건져 물기를 뺀 다음 4cm 길이로 썬다.
5 생수에 소금을 넣어 녹인 후 2와 3을 넣어 합치고, 나머지 국물 재료를 넣어 섞고 체에 걸러 국물을 만든다.
6 통에 준비한 배추를 차곡차곡 담고 5의 국물을 부은 후 쪽파를 올린다. 쪽파는 국물 맛을 좋게 한다.
7 상온에서 하루 익혀 냉장고에 넣어두고 2주 정도 숙성시켜 새콤한 맛이 들게 한다.

Part 2 백김치

소고기백김치

소고기 사태 또는 양지를 삶아 살은 고명으로 넣고, 육수는 국물로 사용하는 고급 김치다.

재료 준비하기

절임 배추 5kg,
소고기(사태 또는 양지) 300g
물 4.5L

김칫소

삶은 소고기 200g, 무 1kg
배 500g, 밤 30g, 쪽파 100g
미나리 60g, 갓 60g, 마늘 30g
생강 10g, 새우액젓 40ml
멸치액젓 40ml, 실고추 5g
토판염 15g

국물

소고기 육수 4L
찹쌀죽 200g, 다진 마늘 20g
생강즙 10ml, 토판염 50g

♣ **새우액젓**
새우젓과 물을 1:1로 넣고 끓인 후 체에 받쳐 건더기는 건지고 액젓만 받아놓고 식혀서 사용한다.

담그기

1. 절임 배추를 준비한다. 백김치용 배추를 절일 때는 일반 양념김치를 담글 때보다 절임 시간을 줄여야 배추의 식감이 아삭하다.

2. 끓는 물에 사태 또는 양지를 넣고 한번 데친 후 물을 버리고 다시 찬물 4.5L를 넣어 50분~1시간 정도 삶아 속까지 익으면 꺼내어 식힌 후 결대로 가늘게 찢어 준비하고 육수는 기름을 걷어내고 베보자기에 밭쳐 맑게 받아둔다.

3. 솔로 문질러 씻은 무와 배는 채 썰고, 쪽파와 미나리와 갓은 3cm 길이로 썬다. 마늘, 생강, 밤은 곱게 채 썬다.

4. 3의 재료에 결대로 찢은 소고기, 멸치액젓과 새우액젓을 넣고 잘 섞어 김칫소를 만든다.

5. 넓은 그릇에 절인 배추를 놓고 사이사이에 버무린 김칫소를 넣은 다음 겉잎으로 잘 싸서 통에 차곡차곡 담는다. 절인 배추 겉잎을 잘 덮어 공기가 통하지 않게 한 후 돌로 누른다.

6. 식힌 육수에 다진 마늘과 생강즙, 찹쌀죽을 넣고 섞어 체에 받친다. 싱거우면 소금 간하고 국물을 맑게 하기 위해 다시 한번 체에 걸러 배추를 담은 통에 붓는다.

7. 상온에서 하루 동안 익힌 뒤 냉장고에 넣어 10일 정도 숙성 후 먹는다.

Part 2 백김치

전통백김치

고춧가루를 사용하지 않고 갓, 무, 배, 밤, 대추, 석이버섯 등으로 김칫소를 넣고, 국물은 찹쌀죽을 쑤어 새우젓, 소금으로 간을 해 깔끔하고 시원하다.

재료 준비하기

절임 배추 5kg

김칫소

무 1kg, 배 500g, 쪽파 100g
미나리 50g, 밤채 30g
석이버섯 5g, 대추채 20g
마늘채 20g, 생강채 10g
찹쌀죽 200g
새우젓 국물 80ml, 토판염 15g
실고추 5g

국물

생수 4L, 새우젓 건더기 30ml
찹쌀죽 30g, 다진 마늘 30g
다진 생강 5g, 토판염 50g
무즙 360ml, 배즙 360ml

♣ 백김치용 무채(0.2cm)는 일반김치용 무채(0.5cm)보다 가늘게 채썬다.

담그기

1 절임 배추를 준비한다.

2 솔로 문질러 씻은 무와 배는 0.2cm 굵기로 채 썰고, 쪽파와 미나리, 실고추는 3cm 길이로 썬다.

3 마늘, 생강, 밤, 석이버섯은 곱게 채 썰어 찹쌀죽, 새우젓 국물, 소금을 넣고 간을 맞춰 소를 만들어 둔다.

4 넓은 그릇에 배추를 놓고 사이사이에 버무린 소를 넣은 다음 겉잎으로 잘 싸서 통에 차곡차곡 담는다. 절인 배추 겉잎으로 잘 덮어 공기가 통하지 않게 한 후 돌로 누른다.

5 생수에 새우젓 건더기를 넣고 끓여 식힌 다음 나머지 국물 재료를 넣고 섞어 체에 걸러 국물을 만들어 4에 붓는다.

6 상온에서 하루 동안 익힌 뒤 냉장고에 넣어 10일 정도 숙성 후 먹는다.

Part 2 백김치

파프리카백김치

파프리카는 비타민C와 항산화 성분이 풍부해 건강에 좋은 식재료이다. 백김치에 파프리카를 넣으면 알록달록한 색감이 보기에도 좋을 뿐 아니라 시원하고 상큼한 맛이 난다.

재료 준비하기

절임 배추 5kg,
파프리카(빨강, 주황, 노랑)
각 1개(개당 140~160g)
피망 2개

김칫소

무 500g, 배 500g, 쪽파 100g
마늘 20g, 생강 10g
찹쌀죽 200g, 멸치액젓 20ml
새우젓 국물 40ml, 토판염 20g
검정깨 5g

국물

생수 4L, 다시마물 400ml
다진 마늘 30g, 생강즙 10g
토판염 50g, 새우액젓 40ml

담그기

1 절임 배추를 준비한다.
2 무와 파프리카·피망·배는 채 썰고, 마늘·생강도 곱게 채 썬다. 쪽파는 3cm 길이로 썰어 둔다.
3 2에 찹쌀죽, 새우젓 국물과 멸치액젓을 넣어 고루 섞고, 부족한 간은 소금으로 해 김칫소를 만든다.
4 넓은 그릇에 절인 배추를 놓고 사이사이에 김칫소를 넣은 다음 겉잎으로 잘 싸서 통에 차곡차곡 담는다.
5 국물 재료를 모두 섞은 후 체에 밭친다. 싱거우면 소금 간하고 다시 한번 체에 걸러 4에 붓는다.
6 상온에서 하루 동안 익힌 뒤 냉장고에 넣어 10일이 지난 다음 먹는다.

Part 2 백김치

표고버섯백김치

표고버섯은 콜레스테롤 수치를 낮춰 고혈압 등 다양한 심혈관계 질환과 성인병 방지에 좋은 식품이다. 백김치에도 표고버섯을 넣어 담그면 표고버섯의 은은향 향이 배어 고급스러운 맛을 낸다.

재료 준비하기

절임 배추 2.5kg, 건 표고 30g
(표고 불릴 물 60ml)

김칫소

무 400g, 배 200g, 쪽파 30g
갓 30g, 미나리 20g, 밤 10g
홍고추 2개

양념

다진 마늘 20g, 다진 생강 5g
새우젓 10g, 찹쌀죽 50g
새우젓 국물 15ml, 토판염 10g

국물

생수 1.5L, 표고 불린 물 40ml
토판염 25g

담그기

1. 절임 배추를 준비한다.
2. 표고버섯은 미지근한 물에 담그고, 물에 뜨지 않도록 접시로 눌러 3시간 이상 불린다. 불린 표고는 기둥을 떼어내고 동그란 머리 부분을 반으로 잘라 곱게 채 썰고, 표고 불린 물은 버리지 말고 둔다.
3. 쪽파, 미나리, 갓은 2~3cm 길이로 썰고 무와 밤, 배, 홍고추는 모두 채 썬다.
4. 3의 재료에 채 썬 표고버섯과 양념 재료를 모두 넣고 김칫소를 만든다.
5. 절임 배추에 김칫소를 넣고 배추 겉잎으로 감싸 용기에 담는다.
6. 생수에 표고 불린 물을 넣고 소금으로 간해 5에 붓는다.
7. 15℃ 실온에 하루 정도 익혀 냉장 보관한다.

Part 2 백김치

황태백김치

강원도 특산물인 고랭지 배추와 황태를 접목해 담근 백김치다.
담백한 황태의 쫄깃한 식감과 황태 육수의 시원한 감칠맛이
어우러져 특별한 맛이다.

재료 준비하기

절임 배추 5kg, 황태 큰 것 1마리
(황태 데칠 물 4L)

김칫소

무 1kg, 배 500g, 미나리 60g
갓 60g, 쪽파 100g, 다늘 30g
생강 10g, 실고추 5g
찹쌀죽 200g, 새우젓 국물 80ml
토판염 15g

국물

생수 4L, 황태머리, 껍질,
다시마 10g, 새우액젓 20ml
마늘 30g, 생강 5g, 토판염 48g

담그기

1 절임 배추를 준비한다.

2 생수 4L를 냄비에 끓여 깨끗이 씻은 황태를 넣어 살짝 데친 후
꺼내 살코기만 발라낸다.

3 황태 껍질과 머리는 다시마와 함께 다시 냄비에 넣고 20분간
더 끓인 다음 다시마를 건져내고 10분 더 끓여 불을 끈다.
식으면 체에 밭쳐 놓는다.

4 무와 배는 채 썰고, 쪽파와 미나리, 갓은 3cm 길이로 썬다.
마늘, 생강은 곱게 채 썬다.

5 4의 재료에 찹쌀죽과 새우젓 국물, 황태포 살코기를 잘게 찢어
넣고 버무려 김칫소를 만든다. 싱거우면 소금으로 간한다.

6 넓은 그릇에 배추를 놓고 사이사이에 김칫소를 넣은 다음
겉잎으로 잘 싸서 통에 차곡차곡 담는다. 절인 배추 겉잎으로
잘 덮어 공기가 통하지 않게 한 후 돌로 누른다.

7 3에 소금과 새우액젓으로 간하고, 다진 생강과 마늘을 넣어 잘
섞은 후 국물을 맑게 하기 위해 한 번 더 체에 걸러 붓는다.

8 상온에서 하루 동안 익힌 뒤 냉장고에 넣어 10일이 지난 다음
먹는다.

Kimchi Recipe

Part 3 사계절김치

봄

여름

Part 3 사계절김치 – 봄

대파김치

대파잎은 떼어내고 줄기 부분만 액젓에 절여 진한 멸치젓을 넣고 담근 김치. 봄에 나는 대파는 아삭한 식감과 특유의 향이 좋다.

재료 준비하기

대파 흰부분 2kg, 배 200g
마른 고추 50g, 마늘 40g
생강 10g

양념

멸치액젓 200ml
멸치육수 200ml, 찹쌀죽 200g
멸치생젓 100g, 멸치가루 5g
고춧가루 50g

♣
- 대파잎은 육개장이나 고등어찜, 바지락전 등 다른 요리에 응용한다.
- 겉잎은 깨끗이 씻어 냉동시켜 놓고 육수 낼 때 사용한다.

담그기

1 대파는 뿌리를 제거하고 푸른 잎은 잘라낸다. 흰 부분의 겉잎은 벗겨내고 깨끗이 씻는다.
2 굵은 부분은 1cm 정도 남기고 칼집을 넣는다.
3 양푼에 대파를 넣고 멸치액젓을 뿌려 2시간 정도 절인다.
4 껍질을 제거한 배는 토막 내 믹서기에 넣고, 마른 고추는 물에 씻어 가위로 3등분해 넣는다. 다시마물과 찹쌀죽, 멸치 생젓도 믹서기에 넣고 간다.
5 4에 고춧가루와 멸치 가루를 넣고 양념장을 만든다.
6 양념장에 3을 넣어 버무려 용기에 담고 밀봉시켜 숙성시킨 후 먹는다.

Part 3 사계절김치 - 봄

돌나물물김치

봄에 제일 먼저 돋아나는 봄나물에 사과를 썰어 넣고 상큼하게 담근 물김치. 돌나물물김치, 돈나물물김치라고도 한다.

재료 준비하기

돌나물 1kg
소금물(물 1L + 천일염 50g)
쪽파 30g, 사과 200g
홍고추 2개

국물

밀가루 풀 1kg, 생수 1L
배 200g, 마늘 20g, 생강 5g
토판염 30g

담그기

1 돌나물은 깨끗이 씻어 소금물에 30분 정도 담갔다가 채반에 건진다.
2 청양고추와 홍고추는 둥글게 채썰고, 쪽파는 2cm 길이로 썰어 놓는다.
3 사과는 4등분해 껍질째 나박나박 썬다.
4 국물 재료를 믹서기에 넣고 곱게 갈아 체에 걸러 홍고추, 쪽파와 나박 썬 사과를 넣고 섞어 국물을 완성한다.
5 김치 통에 돌나물을 넣고 국물 재료를 붓는다.
6 실온에서 1차 숙성 후 냉장 보관하여 익혀 먹는다.

memo

Part 3 사계절김치 – 봄

돌미나리겉절이

밭에서 자라는 야생 미나리로 향이 진하다. 여린 돌미나리를 살살 무쳐 싱그러움을 살린 제철 채소요리다.

재료 준비하기

돌미나리 300g, 홍고추 1개
식초물(물 1L + 식초 30ml)

양념

고춧가루 15g, 집간장 10ml
멸치액젓 20ml, 다시마물 20ml
다진 마늘 10g, 들기름 15g
통깨 5g

담그기

1 돌미나리는 뿌리 부분을 손질해서 식초물에 20분 정도 담근 후 흐르는 물에 3회 정도 씻어 채반에 건져 물기를 뺀다.
2 홍고추는 반으로 갈라 씨를 제거한 뒤 채 썬다.
3 볼에 양념 재료를 모두 넣고 섞어 양념장을 만든다.
4 양념장에 돌미나리를 넣고 버무려 채썬 홍고추와 통깨를 뿌려낸다.

memo

Part 3 사계절김치 - 봄

봄동겉절이

추운 꽃샘추위가 물러가지 않은 이른 초봄, 슴슴한 소금물에 살짝 절여 집간장과 액젓을 섞어 양념한 대표적인 봄김치로 잃었던 입맛을 살려준다.

재료 준비하기

봄동 250g
소금물(물 300ml + 천일염 20g)
달래 50g, 홍고추 10g
청고추 5g

양념

간장 15ml, 멸치액젓 15ml
다진 마늘 20g, 고춧가루 20g
올리고당 5g, 참기름 약간
통깨 약간

담그기

1 봄동을 깨끗이 씻어 소금물에 20분간 절인다.
2 절인 봄동은 한 번 헹군 후 소쿠리에 건져 물기를 제거한다.
3 달래는 3~4cm 길이로 썰고, 청고추와 홍고추도 채 썬다.
4 분량의 양념을 잘 섞어 양념장을 만든다.
5 봄동, 달래, 청·홍고추를 양념장에 넣고 버무리고 통깨를 뿌려 완성한다.

♣ 봄동에 한잎씩 양념을 끼얹어 접시에 돌려담으면 손님상에 내도 손색없다.

memo

Part 3 사계절김치 - 봄

알배기배추겉절이

알배기배추겉절이는 아삭한 식감과 달콤한 맛이 특징으로
겨우내 묵은 김장 김치 대신 신선한 알배기 배추를 소금에 절여
양념에 버무린 후 바로 먹는 김치다.

재료 준비하기

알배기배추 1포기, 천일염 80g
쪽파 30g, 홍고추 25g

양념

무 100g, 배 100g, 마늘 30g
생강 10g, 새우젓 10g, 밥 50g
다시마물 50ml, 고춧가루 30g
멸치액젓 50ml, 통깨 15g

담그기

1. 알배기배추를 반으로 갈라 심을 제거한다. 줄기 부분은 W자로 커팅하고, 잎 부분은 먹기 좋은 크기로 자른다.
2. 배추는 흐르는 물에 2~3회 씻은 다음 소금을 뿌려 40분 정도 절이고, 한 번만 헹궈 물기를 뺀다.
3. 쪽파는 3cm 길이로 썰고, 홍고추는 반으로 갈라 씨를 뺀 후 어슷썬다.
4. 믹서에 무, 배, 마늘, 생강, 새우젓, 밥, 다시마물을 넣고 간다.
5. 4에 고춧가루와 멸치액젓을 넣고 양념장을 만든다.
6. 5에 절여놓은 알배기배추를 넣고 버무려 통깨를 뿌려낸다.

Part 3 사계절김치 – 봄

풋마늘김치

봄에 잠깐 나는 여린 풋마늘대에 진한 멸치생젓으로
맛을 낸 김치

재료 준비하기

풋마늘 1kg, 멸치액젓 100ml

양념

멸치육수 100ml, 찹쌀죽 100g
배 100g, 멸치생젓 80g
생강 10g, 건고추 30g
고춧가루 30g

♣
양념재료를 믹서기에 갈 때
고춧가루는 넣지 않고 갈고 나중에
넣어 섞는다.

담그기

1 풋마늘은 뿌리를 제거하고 껍질을 벗겨 깨끗이 씻어 물기를 뺀다.
2 굵은 것은 반으로 가르고, 4cm 길이로 잘라 액젓에 1시간 정도 절인다.
3 건고추는 물에 잠깐 불려 가위로 잘라 믹서기에 넣고, 다시마물, 찹쌀죽, 배, 멸치생젓, 생강을 함께 넣어 간다.
4 풋마늘을 절였던 액젓에 3을 붓고, 고춧가루를 섞어 양념장을 만든다.
5 양념장과 풋마늘을 잘 버무려 용기에 담는다.

Part 3 사계절김치 - 여름

무싱건지

겨울엔 통무를 절여서 담그지만, 여름엔 직사각형으로 길게 막대썰기해 살짝 절인 무에 양념한 국물을 붓고 익혀 슴슴하게 담가 시원하게 먹는 김치.

재료 준비하기

무 2.5kg
소금물(물 1L + 천일염 60g)
쪽파 50g, 홍고추 15g
마늘 25g, 생강 10g

양념

사과 200g, 배 300g
마늘 50g, 생강 20g
찹쌀죽 200g, 다시마물 500ml
생수 2.5L, 토판염 30g

담그기

1 무는 길이 5cm, 두께 1.5cm로 막대썰기해 소금물에 1시간 정도 절인다. 쪽파도 같이 절인다.

2 홍고추는 둥글게 썰고 마늘과 생강은 편으로 썰어 놓는다.

3 믹서기에 사과, 배, 마늘, 생강, 찹쌀죽, 다시마물과 남은 무 자투리를 넣고 갈아 베보자기에 짜서 국물만 담아둔다.

4 베보자기에 남은 건더기는 끈으로 꼭 묶어 둔다.

5 생수에 소금을 풀고 3과 마늘, 생강 편을 넣어 국물을 만든다.

6 통에 절인 무를 담고 국물을 붓는다.

7 쪽파는 타래지어 넣고 홍고추도 넣는다.

8 4의 건더기 베보자기는 무 위에 올려 밀봉하여 보관한다.

9 하루 정도 서늘한 곳에 보관 후 냉장 보관하고 새콤한 맛이 나면 먹기 시작한다.

Part 3 사계절김치 - 여름

부추김치

부추김치는 몸이 허한 여름철에 담가 먹는 별미김치.
부추는 소금에 오래 절이면 질겨지므로 멸치젓국에 절인다.

재료 준비하기

부추 1kg, 홍고추 20g
멸치액젓 100ml

양념

건고추 50g, 멸치육수 50ml
고춧가루 30g, 찹쌀죽 100g
다진 마늘 20g, 다진 생강 10g
멸치가루 3g, 멸치생젓 60g

담그기

1 부추는 시든 겉잎을 떼어내고 이파리 끝을 다듬는다. 하나씩 다듬기보다는 한 줌씩 손에 쥐고 다듬어야 나중에 가지런히 정리되어 김치 담그기가 편해진다.

2 다듬은 부추를 깨끗이 씻어 멸치액젓을 붓고 20분 정도 절인 다음 멸치액젓은 따로 둔다.

3 건고추 꼭지를 따고 가위로 3 등분한 다음 씨를 털고 물에 씻는다. 믹서기에 다시마물을 넣고 준비한 고추를 넣어 간다.

4 부추를 절이고 남은 멸치액젓에 고춧가루를 넣어 10분 정도 불린 다음 나머지 양념 재료를 넣어 양념장을 만든다.

5 그릇에 부추를 가지런히 담고 손으로 살살 양념을 바르듯이 버무려 한끼 분량만큼 타래지어 통에 담는다.

6 익기 전에 바로 먹어도 좋고, 열흘 이상 푹 익혀 먹어도 맛있다.

Part 3 사계절김치 - 여름

상추물김치

아삭한 식감과 시원한 맛의 여름철 별미김치. 상추 고갱이에 밀가루 풀을 묽게 쒀 양념해서 붓고 익혀 먹는 김치.

재료 준비하기

상추쫑 1kg, 쪽파 40g
홍고추 20g, 통마늘 15g

양념

액젓 50ml, 토판염 10g

국물

밀가루풀 1kg, 배 100g
다진마늘 15g, 생강 10g
상추줄기 100g, 건고추 30g
청양고추 15g, 생수 500ml

♣
양념장으로 만들때 배, 사과, 고추 등은 깍두기 정도 크기로 잘라서 믹서기에 넣고 갈아서 사용한다.

담그기

1 상추는 쫑으로 구해 흐르는 물에 깨끗이 씻은 다음 4cm 길이로 잘라 놓는다. 상추 크기가 작은 것들은 자르지 말고 통째로 담그면 된다.
2 홍고추는 반으로 갈라 씨를 제거해 채 썰고, 마늘은 편으로 썬다. 쪽파 머리는 송송 썰고 줄기는 4cm 길이로 썰어 놓는다.
3 믹서기에 국물 재료를 모두 넣고 곱게 간다.
4 3에 액젓을 넣고 섞어 체에 밭쳐 국물을 만들고 부족한 간은 소금으로 맞춘다.
5 김치 용기에 상추를 담고 국물을 부은 후 쪽파와 홍고추를 위에 뿌려준다.
6 실온에서 하루 익힌 다음 냉장 보관해서 먹는다.

Part 3 사계절김치 – 여름

양파김치

무안, 고흥 등 양파 주산지에서 알이 작아 상품 가치가 없는 양파로 담가 먹던 김치다. 초여름에 알싸하고 단맛이 나는 양파를 즐기째 담갔지만 도시에서는 구하기가 쉽지 않아 일반 양파로 담근다.

재료 준비하기

양파 1kg, 쪽파 40g
멸치액젓 50ml

양념

다시마물 50ml, 찹쌀풀 50g
새우젓 20g, 고춧가루 30g
다진 마늘 10g
건고추 간 것 20g, 다진 생강 5g
멸치가루 5g, 생새우 간 것 20g

담그기

1 양파는 뿌리를 잘라내고 껍질을 깐 다음 열십자로 4등분 한다.
2 큰 용기에 양파를 넣고 멸치액젓을 부어 숨이 죽도록 2시간 정도 절인다.
3 2에서 양파만 건져내고 남은 멸치액젓에 양념 재료를 모두 넣고 섞어 양념을 만든다.
4 3의 양념에 절인 양파를 넣어 버무린다. 양파 사이에 양념이 배어들도록 큰 덩어리는 두세조각으로 분리해 양념한다.
5 양파를 김치통에 차곡차곡 담고 위에 웃소금을 고루 뿌린다.
6 바로 먹어도 되고, 익혀 먹어도 된다.

Part 3 사계절김치 – 여름

얼갈이포기김치

얼갈이를 반으로 갈라 절여 건고추를 갈아 넣고 액젓과
새우젓으로 간을 맞춘 김치

재료 준비하기

얼갈이 2kg
소금물(물 2L + 천일염 100g)

양념

쪽파 20g, 건고추 100g
찹쌀죽 200ml, 다시마물 200ml
배 200g, 마늘 60g, 생강 10g
새우젓 50g, 고춧가루 100g
멸치가루 3g, 멸치액젓 100g

담그기

1 얼갈이는 시든 잎을 떼어내고 깨끗이 씻어 소금물에 얼갈이가 잠기도록 해 1시간 정도 절인다. 자꾸 뒤집으면 풋내가 날 수 있으므로 중간에 한 번만 뒤집는다. 절인 후 씻지 말고 소쿠리에 건져 물기를 뺀다.

2 건고추는 꼭지를 떼고 가위로 3~4등분 한 다음 씨를 털어내고 찹쌀죽, 마늘, 생강, 배, 새우젓에 다시마물을 넣어 믹서에 간다.

3 2의 갈아놓은 재료에 고춧가루, 멸칫가루, 멸치액젓을 넣어 양념장을 만든다.

4 쪽파는 지저분한 겉잎을 떼고 흐르는 물에 씻어 건진다. 4~5cm로 썰어 3의 양념장에 버무려 둔다.

5 절여 둔 얼갈이에 양념을 묻히듯이 살살 발라 김치통에 넣는다.

6 상온에서 하루 숙성하여 겉절이처럼 바로 먹어도 좋고 냉장고에 숙성해서 익혀 먹어도 좋다.

Part 3 사계절김치 – 여름

열무물김치

여름철 물김치 중 대표적인 김치. 밀가루풀에 청양고추, 배를 갈아 넣고 국물을 만들어 부어 아삭하고 시원하다.

재료 준비하기

열무 2kg
소금물(물 1L + 천일염 50g)
쪽파 30g, 홍고추 2개
※ 열무는 1단에 약 2kg이다.

양념

다시마물 200ml, 건고추 50g
배 200g, 청양고추 50g
마늘 60g, 생강 10g

국물

생수 1L, 밀가루풀 500g
토판염 20g

담그기

1 열두는 시든 잎을 떼어낸 다음 뿌리는 다 잘라내지 말고 작은 칼끝으로 지저분한 밑동만 살살 긁어서 손질한다.

2 손질한 열무를 깨끗이 씻은 후 5~6cm 길이로 썰고, 소금물에 열무가 잠기도록 해 40분 정도 절인다. 중간에 살짝 한 번만 뒤집는다. 자꾸 뒤집으면 풋내가 날 수 있다.

3 쪽파는 5~6cm로 썰고, 홍고추는 반으로 갈라 채 썬다.

4 건고추는 꼭지를 떼고 가위로 자른 다음 씨를 털어내고 물에 씻어 다시마물, 배, 청양고추, 마늘, 생강과 함께 믹서기에 간다. 이때 배는 껍질을 제거해 깍둑썰고, 청양고추는 숭덩숭덩, 생강은 작게 썰어 넣는다.

5 4의 재료에 생수와 밀가루풀, 소금을 넣고 물김치 국물을 만든다.

6 절인 열무를 5의 국물과 잘 섞은 후 쪽파와 홍고추를 넣는다.

7 김치통에 담고 상온에서 10시간 정도 익혀 냉장고에 넣고 취향에 맞게 익혀 먹는다.

Part 3 사계절김치 - 여름

열무얼갈이김치

열무와 얼갈이배추를 반반 섞어 액젓과 새우젓으로 맛을 낸 여름김치. 김장 김치가 끝나갈 무렵 풋풋한 열무와 고소한 얼갈이배추로 담가 입맛을 산뜻하게 만들어 주는 김치이다.

재료 준비하기

열무 500g, 얼갈이 500g
소금물(물 750ml + 천일염 30g)
쪽파 25g, 홍고추 10g
청양고추 5g

양념

밀가루풀 250g, 다시마물 750ml
건고추 25g, 배 100g, 마늘 50g
생강 5g, 고춧가루 25g
멸치액젓 50ml, 새우젓 20g
멸치가루 6g

♣
- 한여름(6~7월)에는 새우젓의 비린 맛이 올라올 수 있어 같은 분량만큼 액젓을 써도 된다.
- 여름김치에 홍고추를 갈아 넣으면 부글부글 끓고 풋내가 나기 때문에 건고추를 갈아서 사용한다.

담그기

1. 열무와 얼갈이는 시든 잎을 떼어내고 뿌리는 다 잘라내지 말고 작은 칼 끝으로 지저분한 밑동만 살살 긁어 손질한다.

2. 손질한 열무와 얼갈이를 깨끗이 씻은 후 5~6cm로 잘라 소금물에 열무와 얼갈이를 절인다. 절일 때는 소금을 적게 넣어 40분 정도만 절이는데 20분쯤 지나면 한 번 뒤집어 골고루 절인다. 소금을 적게 넣고 짧은 시간에 절이면 씻지 않고 바로 사용할 수 있고, 쓰거나 질겨지지 않는다.

3. 밀가루는 풀을 쒀 식혀둔다. 마른고추는 꼭지를 떼고 가위로 자른 다음 씨를 털어내고 물에 씻어 20~30분 정도 불린다.

4. 믹서에 다시마물과 불린 마른고추, 통마늘, 통생강, 청양고추, 배를 같이 넣고 건고추가 거칠게 보일 정도로만 갈아 양념장을 만든다.

5. 열무, 얼갈이, 쪽파는 4의 양념장과 멸칫가루, 멸치액젓, 새우젓을 넣어 살살 버무린다.

6. 홍고추 씨를 빼고 어슷썰어 양념에 버무린 열무 위에 올리면 더 먹음직스러워 보인다.

7. 상온에서 하루 익혀 냉장고에 보관하고 열흘이 지나면 먹는다.

Part 3 사계절김치 – 여름

열무포기김치

열무의 겉잎만 떼어내고 뿌리를 살려 손질해 건고추와
보리밥을 갈아 양념한 김치. 전라도에서는 밀가루풀 대신
찹쌀죽 또는 보리죽을 넣는다.

재료 준비하기

열무 2kg
소금물(물 1L + 천일염 50~60g)
쪽파 50g, 홍고추 20g

양념

건고추 100g, 다시마물 180ml
보리죽 300g, 마늘 100g
생강 5g, 멸치생젓 35g
고춧가루 50g, 멸치액젓 120ml
멸치가루 3g

담그기

1 손질한 열무를 깨끗이 씻은 후 분량의 물에 소금을 풀어 열무에 뿌려 40분 정도 절인다. 열무 굵기에 따라 절이는 시간을 조절한다.

2 쪽파는 열무 절이는 소금물에 같이 넣고 20분 정도 절인다.

3 홍고추는 반으로 갈라 씨를 제거하고 어슷하게 채 썬다.

4 건고추는 꼭지를 떼고 물에 씻어 3~4등분해 다시마물과 보리죽, 마늘, 생강, 멸치생젓을 넣고 믹서기에 간다.

5 4에 고춧가루와 멸치액젓, 멸치가루를 넣고 양념장을 만들어 둔다.

6 열무와 쪽파는 소쿠리에 건져 물기를 뺀다.

7 열무와 쪽파는 길이 그대로 양념장을 묻히듯이 살살 발라 버무린다. 쪽파와 열무를 섞어 잡은 다음 한 끼 분량씩 타래를 지어 통에 차곡차곡 담는다.

8 상온에서 하루 익혀 냉장 보관하여 새콤한 맛이 들면 먹는다.

Part 3 사계절김치 - 여름

오이깍두기

오이를 한입 크기로 썰고, 부추도 같은 크기로 썰어 넣고 액젓으로만 간을 한 김치.

재료 준비하기

오이 1kg
소금물(물 100ml + 토판염 50g)
부추 100g, 홍고추 10g

양념

고춧가루 30g, 건고추 간 것 15g
찹쌀풀 30g, 다진 마늘 30g
멸치액젓 50ml, 다진 생강 5g

오이 세척

물 1.3L, 식초 20g

담그기

1 오이는 식초 물에 10분 정도 담가 두었다가 흐르는 물에 깨끗이 씻어 3cm 정도 길이로 잘라 소금물에 30분 정도 절여 물기를 빼놓는다.
2 부추는 오이와 같은 길이로 썰어 놓는다.
3 홍고추는 반으로 갈라 씨를 제거하고 곱게 채 썰어둔다.
4 양념 재료를 모두 섞어 양념장을 만들어 절인 오이와 부추를 버무린다.
5 채 썬 홍고추를 고명으로 올린다.
6 바로 먹어도 되고 새콤한 맛이 들 때까지 익혀 먹는다.

Part 3 사계절김치 – 여름

오이물김치

배와 찹쌀죽을 갈아서 소금으로만 간을 맞춘 깔끔한 여름 물김치. 더위에 지쳐 입맛이 없을 때 찬밥을 국물에 말아 먹으면 더위가 확 풀린다.

재료 준비하기

백오이 1kg, 토판염 30g

부재료

홍고추 20g, 쪽파 30g

국물

배 100g, 마늘 30g, 생강 10g
찹쌀죽 100g, 다시마물 200ml
생수 1.2L, 토판염 15g

담그기

1. 오이는 백오이를 준비하여 양쪽 끝부분과 돌기 부분을 제거하고 깨끗이 씻는다.
2. 오이를 세로로 반 갈라 씨 부분을 숟가락으로 도려내서 깍두기 크기로 썰어 소금을 뿌려 섞어 1시간 정도 절인다.
3. 배는 껍질을 벗겨 적당히 썰고 마늘, 생강을 손질하여 모두 믹서기에 넣고, 찹쌀죽과 다시마물을 붓고 곱게 갈아준다.
4. 홍고추는 반으로 갈라 씨는 제거하고 2cm 크기로 썰고 쪽파는 줄기 부분만 송송 썬다.
5. 절인 오이만 건져 김치통에 담고 오이 절인 소금물에 생수를 붓고 갈아놓은 양념을 넣고 간을 맞춘다.
6. 5를 체에 걸러 오이를 담은 통에 붓고 홍고추와 쪽파를 넣고 마무리한다.
7. 실온에 한나절 정도 1차 숙성 후 냉장 보관한다.

Part 3 사계절김치 – 여름

오이소박이

오이를 통째로 절여 삼각으로 칼집을 넣어 양념소를 넣은 김치. 담글 때 손이 많이 가지만 그만큼 맛있고 모양새가 좋아 누구나 선호한다.

재료 준비하기

오이 1kg
소금물(물 500ml + 천일염 40g)
부추 100g, 홍고추 10g

양념

고춧가루 25g, 찹쌀죽 25g
다진 마늘 25g, 다진 생강 5g
멸치가루 3g, 멸치액젓 25ml
통깨 약간

♣ 일반적으로 가정에서는 오이를 3~4등분해 가운데 열십자로 칼집을 넣어 소를 넣는다.

담그기

1. 소금물에 오이를 담가 중간에 아래위를 뒤집어 가며 5시간 정도 절인다.
2. 절인 오이를 건져 물기를 뺀 후 앞뒤 꼭지를 자르고, 오이 가운데로 길게 칼집을 3개 넣는다.
3. 부추는 1cm 길이로 송송 썬다.
4. 홍고추는 반으로 갈라 씨를 제거하고 채 썰어둔다.
5. 분량의 양념 재료를 모두 섞은 뒤 고춧가루가 불 때까지 20분 정도 두었다가 3, 4를 넣고 버무려 소를 만든다.
6. 오이의 벌어진 칼집 사이로 양념소를 채운다. 너무 많이 넣으면 미어져 나와 지저분하므로 적당히 넣는다. 오이 겉면에도 양념을 바르듯이 문질러 통에 차곡차곡 담는다.
7. 취향에 따라 바로 먹어도 좋고 일주일 정도 숙성해서 먹어도 좋다.

 가운데 칼집 넣기

 십자 넣기

Part 3 사계절김치 – 여름

오이지

소금물을 끓여 붓고 담근 대표적인 여름 저장식품. 고춧가루 양념에 무치거나 냉수에 띄워서 시원하게 먹는 여름철 반찬이다.

재료 준비하기

오이 10개
소금물(물 2L + 천일염 300g)
소주 200ml

담그기

1. 오이를 식초물에 깨끗이 씻어 물기를 제거해 준비한다.
2. 물을 팔팔 끓여 소금을 넣고 녹인다.
3. 항아리나 스테인리스 그릇에 오이를 넣는다.
4. 펄펄 끓는 소금물을 부어 준다.
5. 소주를 200ml 넣어 준다. 소주를 넣으면 숙성될 때 골마지가 덜 낀다.
6. 담가 놓은 통 위로 오이가 올라오지 못하도록 넓적한 돌로 눌러준다.
7. 5~6일 후 물을 따라서 다시 끓인 후 붓기를 2회 정도 반복한다.
8. 숙성된 오이지는 국물 째 김치통에 담아 냉장 보관한다.

♣ 오이 크기에 따라 물, 소금양은 가감한다.

옹기

뜨거운 소금물 붓기

돌 눌러 놓기

Kimchi Recipe

Part 3 사계절김치

가을

겨울

Part 3 사계절김치 – 가을

깻잎김치

철분이 풍부하고 독특한 향의 생 깻잎에 양념장을 켜켜이 발라 쟁여두고 먹는 김치. 늦여름에는 깻잎을 소금물에 삭혀서 담그기도 한다.

재료 준비하기

깻잎 500g,
소금 식초물
(물 1L + 천일염 15g + 식초 7g)
양파 15g, 당근 15g, 밤 15g
배 50g, 쪽파 25g

양념

멸치액젓 50ml, 집간장 50ml
다시마물 100ml, 고춧가루 35g
다진 마늘 50g, 다진 생강 10g
찹쌀죽 50g, 통깨 10g

담그기

1 깻잎을 깨끗이 씻어 물기를 털어내고, 소금 식초물에 30분간 절여 물기를 털어낸다.
2 양파, 당근, 밤, 배를 채 썰고 쪽파는 송송 썬다.
3 양념 재료를 고루 섞고 2를 넣어 양념장을 만든다.
4 깻잎을 2~3장씩 놓고 양념장을 발라 차곡차곡 용기에 담아놓는다.
5 식성에 따라 바로 먹어도 되고 냉장 보관하여 숙성시켜 먹는다.

Part 3 사계절김치 – 가을

쪽파김치

액젓으로 절여 멸치진젓과 찹쌀죽을 넉넉히 넣고 담근 김치.
파의 흰 부분을 위로 하여 5뿌리씩을 한 묶음으로 감아
항아리에 담아 익힌다.

재료 준비하기

쪽파 1kg, 멸치액젓 50ml

양념

멸치육수 200ml, 찹쌀죽 100g
고춧가루 100g, 건고추 50g
멸치진젓 100g, 다진 마늘 1Cg
다진 생강 5g, 멸치가루 3g

♣
- 김장철에는 기호에 따라 생새우 50g을 추가해도 좋다.
- 추석 전후에 나는 햇쪽파는 억세지 않아 담근 후 바로 먹어도 된다.
- 쪽파는 소금에 절이지 않고 멸치액젓에 절여야 감칠맛이 좋다.
- 쪽파의 끝을 꼭 잘라준다. 그래야 익을 때 파 잎이 부풀어 오르지 않고, 양념도 속까지 쏙 배어 맛있다.

담그기

1. 쪽파는 뿌리 부분을 칼로 자르고 누렇게 시든 잎을 벗긴 다음 흐르는 물에 씻어 건져 물기를 뺀다.
2. 큰 그릇에 쪽파를 가지런히 담고 멸치액젓을 부어 20~30분 정도 절여 숨을 죽인다. 쪽파 머리 부분에 멸치액젓이 더 몰리도록 그릇을 기울여 절이면 좋다.
3. 쪽파가 절여지면 쪽파는 건져내고 남은 액젓 국물에 분량의 양념 재료를 섞어 양념장을 만든다.
4. 쪽파를 가지런히 놓고 준비한 양념장을 손으로 뒤적거리며 발라 통에 가지런히 담는다. 한 끼 분량씩 타래를 지어 묶어 넣어도 된다.
5. 상온에서 하루 익혀 냉장고에 넣어두고 20일이 지난 다음에 먹는다. 익을수록 깊은 맛이 난다.

Part 3 사계절김치 - 가을

총각김치

총각의 댕기머리 같다고 하여 이름 붙여진 김치. 무보다 단단하고 아삭아삭한 식감이다.

재료 준비하기

총각무 2kg
소금물(물 1L + 천일염 100g)
쪽파 70g

양념

다시마물 200ml, 찹쌀죽 70g
건고추 40g, 멸치생젓 20g
새우젓 15g, 다진 마늘 70g
다진 생강 5g, 고춧가루 50g
멸치액젓 15ml, 멸치가루 3g
토판염 3g

담그기

1. 총각무는 작고 단단한 것을 골라 시든 잎의 끝부분을 떼어낸다. 밑동은 도려내고 잔털을 제거한 뒤 솔로 문질러 깨끗이 씻는다.
2. 물에 굵은소금을 풀어 녹이고 총각무를 세워 넣어 2시간 정도 절인 다음 무청까지 담가 1시간 정도 더 절인다. 무가 휘어질 정도로 절여지면 건져 내 물기를 뺀다.
3. 쪽파는 다듬은 뒤 깨끗이 씻어 멸치액젓에 약 30분 정도 절인 다음 건져내고 액젓은 그대로 둔다.
4. 건고추는 꼭지를 딴 후 가위로 3등분 한 다음 씨를 털고 물에 씻어서 준비한다. 다시마물에 손질한 건고추와 찹쌀죽, 마늘, 생강, 새우젓을 넣고 믹서기에 갈아준다.
5. 쪽파를 건져낸 멸치액젓에 4의 재료와 고춧가루, 멸치생젓, 멸치가루를 넣어 섞은 다음 고춧가루가 불 때까지 약 10분 정도 기다린다.
6. 절인 총각무와 쪽파를 가지런히 놓고 양념을 바르듯이 고루 버무린다. 무를 한 번 먹을 분량씩 집어 무청과 쪽파로 돌돌 말아 보관 용기에 차곡차곡 담는다. 소금에 절여둔 무청 겉잎으로 맨 위를 덮어 꼭꼭 눌러둔다.
7. 상온에서 하루 정도 익힌 후 냉장고에서 20일간 숙성시켜 먹기 시작한다. 기호에 따라 생새우를 다져서 넣으면 더 맛있다.

Part 3 사계절김치 - 가을

총각무깍두기

총각무를 깍두기 크기로 썰어서 담그면 꺼내 먹을 때 칼과 도마를 쓰지 않아 간편한데다 총각김치의 아삭한 식감을 느낄 수 있어 요즘 선호하는 김치.

재료 준비하기

총각무 5kg, 천일염 150g
쪽파 200g

양념

고운고춧가루 100g
고춧가루 200g, 다진마늘 200g
다진생강 50g, 찹쌀죽 200g
새우젓 100g, 멸치액젓 200ml
다시마육수 400ml
생새우 200g, 검정깨 10g

담그기

1. 총각무는 겉잎은 제거하고 속잎만 남겨 밑동을 손질해 필러로 껍질을 제거하고 깨끗이 씻어 깍두기 크기로 먹기 좋게 썰고 분량의 소금을 뿌려 2시간 정도 절인다.
2. 총각무 속잎은 3cm 정도 길이로 잘라 소금을 뿌려 40분 정도 절인다.
3. 쪽파는 손질하여 무 길이로 썰어놓는다.
4. 총각무가 다 절여지면 체에 건져 물기를 빼고 고운고춧가루로 버무려 물들인다.
5. 양념 재료를 모두 섞어 양념장을 만든다.
6. 4의 총각무에 양념장을 넣어 버무리고, 쪽파를 넣고 한 번 더 버무려 완성한다.

Part 3 사계절김치 – 겨울

감태김치

전라도 해안가에서 많이 채취되며 12월부터 다음해 2월까지 주로 담가 먹는 겨울철 별미김치. 감태지라고도 한다.

재료 준비하기

감태 200g, 삭힌고추 40g

양념

다진 마늘 10g, 멸치액젓 20ml
고춧가루 10g, 멸치육수 200ml

담그기

1 감태를 깨끗이 씻어 채반에 건진다.
2 볼에 감태를 담고, 다진 마늘, 멸치액젓, 고춧가루를 넣고 조물조물 무쳐 용기에 담고 멸치육수를 부어준다.
3 삭힌 고추를 송송 썰어 넣고, 2~3일 지난 후 먹는다.

memo

Part 3 사계절김치 - 겨울

나박김치

배추와 무를 나박나박 썰어 담근 물김치로 사계절 언제나 산뜻하게 먹을 수 있다. 제사상이나 설날 떡국 상에 오르는 김치이기도 하다.

재료 준비하기

알배기배추 500g, 무 500g
천일염 40g, 배 200g, 쪽파 20g
미나리 20g, 홍고추 10g

국물

생수 2L, 고운 고춧가루 10g
찹쌀죽 50g, 다진 마늘 15g
다진 생강 5g, 토판염 30g

♣
- 취향에 따라 고춧가루양을 조절해도 좋다.
- 먹기 직전에 사과를 썰어 넣어도 좋다.

담그기

1 알배기배추는 밑동을 자르고 한 잎씩 떼어내어 깨끗이 씻은 다음 2~3cm 정사각형으로 썬다. 소금 30g을 뿌려 골고루 섞어 1시간 정도 절인 다음 헹구지 말고 소쿠리에 건진다.

2 무는 깨끗이 씻어 배추와 같은 크기로 나박나박 썰어 소금 10g을 넣고 30분간 절인다. 쪽파는 썰지 않고 그대로 함께 절인다.

3 배는 껍질을 벗기고 씨를 제거한 후 반은 강판에 갈아 즙을 만들어 놓고, 반은 무와 같은 크기로 나박 썬다.

4 미나리는 2~3cm 길이로 썰고 홍고추는 반으로 갈라 씨를 제거하여 2~3cm 길이로 어슷하게 썰어 놓는다.

5 볼에 생수를 붓고 베보자기에 고운 고춧가루를 넣어 국물에 조물조물하여 고춧물을 낸 후 배즙, 찹쌀죽, 마늘, 생강과 토판염 30g을 넣고 간을 맞춘다.

6 김치통에 배추, 무, 배를 넣고 5의 국물을 체에 받쳐 걸러 붓는다.

7 절인 쪽파를 타래 지어 띄운다. 미나리, 홍고추도 함께 띄운다.

8 하룻밤 실온에 숙성한 후 냉장 보관해 바로 먹는다.

Part 3 사계절김치 – 겨울

천수무동치미

무가 많이 나고 맛있는 겨울철에 주로 담가 먹으며, 특유의 아삭한 식감과 시원한 맛이 죽이나 떡을 먹을 때 곁들이기에 좋다. 알배기 배추를 절여 같이 담가도 좋다.

재료 준비하기

무 2kg, 알배기 절임배추 1kg
소금물(물 1L + 천일염 100g)
쪽파 25g, 미나리 25g, 갓 25g
청각 50g, 삭힌 고추 50g
배 200g, 마늘 50g, 생강 10g

국물
생수 3L, 토판염 40g

담그기

1 무는 연한 무청만 남기고 잔털과 밑동을 정리한 다음 솔로 문질러 씻어 물기를 뺀다. 분량의 물에 소금을 풀어 녹인 다음 무를 넣어 절인다. 말랑말랑해질 때까지 꼬박 하루 정도 둔 다음 건져서 한 번 헹궈 물기를 뺀다.

2 쪽파, 미나리, 갓은 씻어 건진 다음 무 절인 물에 담가 숨이 죽을 때까지 절인다. 다 절여지면 건져 물기를 뺀다.

3 마른 청각을 물에 담가 불려서 씻은 후 물기를 꼭 짠다.

4 쪽파, 미나리, 갓, 청각을 고루 섞어 넣고 타래를 지어 놓는다.

5 배는 8등분해 씨를 제거하고, 마늘과 생강은 편을 썬다.

6 김치통에 절인 무를 차곡차곡 담고, 삭힌 고추와 4, 5를 중간중간 켜켜로 넣는다.

7 무가 국물 위로 뜨지 않도록 돌로 누른 다음 분량의 생수에 토판염을 녹여 살그머니 붓는다.

8 상온에서 이틀 정도 익힌 다음 김치냉장고에 넣는다. 한 달 정도 지나면 꺼내 먹기 시작한다.

Part 3 사계절김치 - 겨울

파래지

은은한 바다의 맛 파래지(파래김치)는 겨울철 별미 김치다. 전라도에서는 액젓을 넣고 무쳐 파래지라고 불렀다. 하얀 무채와 함께 무친 파래지는 겨울철 입맛을 돋게 만드는 밥도둑이다. 파래무침은 식초, 설탕 등을 넣어 새콤달콤하게 무쳐내 파래지와 차별된다.

재료 준비하기

생파래 200g, 무 100g

양념

국간장 20ml, 멸치액젓 10ml
고춧가루 30g, 파 30g
다진마늘 20g, 통깨 7g

담그기

1 생파래를 큰 볼에 조물조물 주물러 3번 정도 씻은 다음 물기를 꼭 짠다.
2 무는 채 썰고, 파는 둥글게 송송 썬다.
3 볼에 분량의 양념을 넣고 양념장을 만든다.
4 파래와 무, 송송 썬 파를 3에 넣고 무쳐서 통깨를 뿌려 낸다.

memo

Part 3 사계절김치 – 겨울

홍갓김치

전라남도에선 겨울에도 논두렁 밭두렁에 야생으로 자라는 톡 쏘고 알싸한 홍갓을 갈치속젓이나 멸치생젓 등 진한 젓갈로 맛을 내 김치를 담근다. 여수에서 재배되는 돌산갓은 '청색 갓'이다.

재료 준비하기

홍갓 2kg
소금물(물 1L + 천일염 70g)
쪽파 300g

양념

배 300g, 무 200g
건고추 60g, 마늘 50g
생강 20g, 찹쌀죽 100g
다시마물 100ml, 생새우 50g
새우젓 30g, 고춧가루 50g
멸치액젓 30ml
갈치속젓 100g(or 멸치생젓)
멸치가루 5g

담그기

1 홍갓은 길이가 짧고, 살이 통통하고 짙은 홍색을 띠는 것이 좋다. 홍갓 뿌리와 누런 잎을 제거하고 깨끗이 씻어 소금물을 갓에 붓고 1시간 정도 절인 다음 헹구지 말고 소쿠리에 건진다.

2 쪽파는 손질하여 씻은 다음 홍갓과 같이 절인다.

3 건고추는 깨끗이 씻어 3~4등분하고 배와 무는 적당한 크기로 잘라 마늘, 생강, 찹쌀죽, 다시마물, 새우젓, 생새우와 함께 믹서기에 넣고 간다.

4 큰 그릇에 3을 붓고 고춧가루, 멸치액젓, 갈치속젓, 멸치가루를 넣고 간을 맞춰 양념장을 만든다.

5 절인 홍갓과 쪽파에 양념장을 고루 발라 타래 지어 김치통에 담고 겉잎을 덮어준다.

6 서늘한 곳에 2~3일 익혀 냉장 보관해서 20일 이후 맛이 들면 먹는다.

Kimchi Recipe

Part 4 팔도김치

Part 5 어덤채

Part 4 팔도김치

가자미식해 _ 함경도

가자미에 메조밥과 무채, 엿기름가루를 넣고 버무려 삭혀 먹는 대표적인 함경도 향토음식.

재료 준비하기

가자미 2kg, 무 2kg
천일염 230g, 메조 250g
대파(흰대) 120g

양념

고춧가루 300g
엿기름가루 200g
다진 마늘 250g
다진 생강 40g, 멸치가루 10g
멸치액젓 200ml

담그기

1 가자미는 손바닥 크기를 넘지 않는 것을 사용한다. 꼬리와 머리를 자르고 지느러미에서 배 쪽으로 길게 칼집을 넣어 내장을 빼낸 다음 흐르는 물에 씻어 소쿠리에 건져서 하룻밤 물기를 뺀다.

2 손질한 가자미에 소금 150g을 앞뒤로 고루 뿌리고 대바구니나 소쿠리에 담아 바람이 잘 통하는 그늘에서 꾸들꾸들 말린다. 중간에 한 번 뒤집어 가며 말리면 좋다.

3 말린 가자미는 뼈째 먹기 좋은 크기로 자른다.

4 무는 솔로 깨끗이 씻은 다음 물기를 닦고, 검지 손가락 굵기와 길이로 막대썰기 한다. 소금 80g을 뿌리고 간이 고루 배게 주물러 채반에 널어서 그늘에서 하루 정도 꾸들꾸들 말린다.

5 메조는 물에 담가 1시간 정도 불린 다음 밥물을 잡듯이 물을 붓고 고슬고슬하게 밥을 짓는다. 퍼서 넓게 편 다음 식힌다.

6 대파는 씻어 건지고 흰 부분만을 골라 통째로 무 길이에 맞춰 썬다. 푸른 잎 부분은 점액질이 생기므로 쓰지 않는다.

7 엿기름가루는 고운 체에 밭쳐 고운 가루만 받아 놓는다.

8 4에 고춧가루를 뿌리고 주물러 미리 고춧물을 들인다. 무가 말라 고춧물이 안 들 때는 멸치액젓을 조금 넣어 무친다.

9 메조밥에 체에 밭친 엿기름가루, 멸치액젓, 멸치가루, 다진 마늘, 다진 생강을 넣고 섞은 다음 손질한 가자미, 무, 대파 등을 넣어 고루 버무린다. 통에 담고 상온에서 하루 정도 두었다가 냉장고에 넣는다.

Part 4 팔도김치

강화순무섞박지 _ 경기도

강화도의 특산물인 순무는 아삭하고 알싸한 가을의 맛이다.
강화에서 많이 나는 밴댕이젓을 넣고 담근다.

재료 준비하기

순무 5kg, 천일염 50g

양념

찹쌀풀 150ml, 다시마물 400ml
쪽파 70g, 고춧가루 100g
간고추 70g, 다진 마늘 150g
다진 생강 5g, 멸치가루 5g

젓갈

새우젓(육젓) 70ml
밴댕이젓 150ml

담그기

1 순무는 깨끗하게 씻은 후 납작납작하게 썬다.
2 썰어놓은 순무에 소금을 뿌려 절인 다음 2시간 후에 건져 물기를 빼둔다.
3 쪽파는 4cm 길이로 썬다.
4 분량의 양념 재료에 젓갈 재료를 넣고 양념장을 만든다.
5 양념장에 절인 순무와 쪽파를 넣고 버무려 통에 담는다.
6 실온에서 하루정도 두었다가 냉장고에 넣어 3주 후 부터 먹으면 된다.

memo

Part 4 팔도김치

게국지김치 _ 충청도

능쟁이(갯벌에 사는 회색의 작은 게_칠게가 표준어)로 만든
게장과 국물을 넣어 숙성시킨 충남 태안·서산의 향토 김치.
게국지김치에 꽃게를 넣고 끓인 게국지가 이 지역 향토음식이다.

재료 준비하기

능쟁이게 2kg, 배추 1통, 무 1kg
늙은 호박 2kg, 천일염 200g

양념

대파 300g, 양파 200g
건고추 100g, 홍고추 50g
통마늘 200g, 생강 50g
바지락 육수 600ml
칠게장 국물 600ml
멸치액젓 200ml, 고춧가루 200g

바지락 육수

생수 1L, 바지락 300g
다시마 10g

담그기

1 배추는 밑동을 잘라내고 한 잎씩 떼어 어슷썰기해 1시간쯤
   절인 후 3회 정도 헹궈 채반에 건진다.
2 무는 손질하여 잎은 4~5cm 길이로 썰고, 무는 골패모양으로
   썰어 배추 절인 물에 절인 후 건져 씻는다.
3 늙은 호박은 속을 파내고 무 크기로 도톰하게 썬다.
4 능쟁이는 해감을 해 깨끗이 씻어 게딱지를 떼어내고
   4등분한다.
5 양파·대파는 3~4cm 크기로 썬다.
6 믹서기에 건고추·홍고추를 씻어 가위로 2~3등분 잘라 넣는다.
   생강은 잘게 썰어서 마늘과 함께 넣은 후 바지락 육수를 붓고
   간다.
7 함지박에 6을 붓고 게장 국물, 멸치액젓, 고춧가루를 넣어
   양념장을 만든다.
8 양념장에 손질한 게와 절인 배추, 절인 무, 늙은 호박과
   양파, 대파를 넣고 버무려 김치통에 담고 겉잎을 덮은 후에
   숙성시켜서 찌개를 끓여 반찬으로 먹는다.

Part 4 팔도김치

고들빼기김치 _ 전라도

쌉싸름한 맛과 독특한 향이 특징이며 약성이 많은 김치 재료이다. 쓴맛을 중화시키기 위해 단맛이 나는 밤이나 고구마를 썰어 넣고 담근 대표적인 전라도 김치.

재료 준비하기

고들빼기 1kg
소금물(물 2L + 천일염 80g)
고구마 100g, 밤 30g
쪽파 200g

양념

건고추 100g, 다시마물 600ml
찹쌀죽 100g, 마늘 50g
생강 20g, 배 100g
멸치생젓 100g, 새우젓 20g
고춧가루 50g, 멸치액젓 50ml
멸치가루 5g, 통깨 5g, 실고추 5g

담그기

1. 고들빼기 밑동은 작은 칼로 살살 긁듯이 다듬어 흙을 털어내고 지저분한 불순물을 제거한다. 소금물에 고들빼기를 담그고 중간에 뒤집어 가며 하룻밤 절인다. 다 절여지면 흐르는 물에 씻어 건져 물기를 뺀다.

2. 건고추는 3등분해 씨를 털고 물에 20분쯤 두어 불리고 쪽파는 4cm 길이로 썰고, 고구마와 밤은 채썬다.

3. 믹서기에 불린 건고추와 다시마물, 찹쌀죽, 멸치생젓, 새우젓, 마늘, 생강을 넣고 믹서에 간다.

4. 큰 그릇에 3을 붓고 고춧가루, 멸치액젓, 멸치가루를 넣어 고루 섞어 양념장을 만든다.

5. 쪽파와 고구마, 밤채를 넣고 섞어 양념장을 완성한다.

6. 준비된 양념장에 절인 고들빼기를 넣고 양념이 뭉칠 수 있으므로 두 손으로 풀어헤쳐 가며 버무린다.

7. 밑동은 밑동대로, 줄기는 줄기대로 한 줌씩 모아서 가지런히 키를 맞춘 다음 통에 차곡차곡 담고 꼭꼭 눌러둔다. 버무린 그대로 넣으면 꺼내 먹을때 엉켜서 불편하다. 귀찮더라도 가지런하게 넣는다.

8. 상온에서 하루 익힌 후 냉장고에 넣어두고 한 달이 지난 다음 꺼내 먹는다.

Part 4 팔도김치

서거리깍두기 _ 강원도

명태 아가미를 강원도에서는 서거리라고 한다. 무 깍두기에 서거리를 넣고 담근 강원도 향토김치.

재료 준비하기

무 3kg, 천일염 100g
서거리 800g, 쪽파 300g

양념
고춧가루 300g
엿기름가루 300g
멸치액젓 100ml
꽁치액젓 100ml
새우젓 50g, 마늘 200g
생강 10g, 토판염 약간

♣ **꽁치액젓**
꽁치와 소금을 3:1의 비율로 섞어 2년동안 숙성시킨 후 달여서 액만 내린 것이다. 멸치액젓도 같은 방법으로 만든다. 요즘은 시판 꽁치액젓, 멸치액젓을 사서 쓴다.

담그기

1 명태 아가미를 떼어 창자를 훑어 내고, 소금으로 깨끗이 문지른 다음 하나씩 떼어 물에 여러 번 씻는다.
2 무는 깍둑 썰어 소금에 절인 후 물기를 뺀다.
3 쪽파는 3cm 길이로 썰고, 마늘과 생강은 다진다.
4 그릇의 한쪽에는 아가미, 반대쪽에는 절인 무를 담아 각각 간을 보고, 싱거우면 소금을 넣어 간을 맞춘다.
5 4에 양념재료를 넣어 버무린다.
6 마지막에 쪽파를 넣어 한 번 더 버무린 다음 항아리에 담아 숙성시킨다.

Part 4 팔도김치

자리돔섞박지 _ 제주도

섞박지는 배추와 무 등 여러 가지 재료를 썰어 한데 섞어서 젓국으로 버무려 담는 김치인데, 맛이 담백하고 기름기가 적은 자리돔을 크게 썰어서 넣고 담근 것이 특징.

재료 준비하기

배추 3kg, 무 2.5kg
천일염 50g
쪽파 70g, 자리돔 250g

양념

찹쌀죽 150g, 다시마 물 150g
자리돔젓 200g, 새우젓 50g
멸치액젓 50ml, 고춧가루 10Cg
마늘 150g, 건고추 70g
생강 약간, 멸치가루 약간

담그기

1 무는 0.5cm 두께로 나박 썰어서 소금에 절인다.
2 배추도 무와 같은 크기로 썰어 절인다.
3 쪽파는 4cm 길이로 썬다.
4 자리돔젓은 머리, 지느러미, 꼬리 부분을 손질하여 살코기만 준비한다.
5 양념 재료와 쪽파를 잘 섞어 양념장을 만든 다음 절인 무와 배추를 넣어 버무린다.
6 잘 버무린 자리돔섞박지를 통에 담아 익힌다.

memo

Part 4 팔도김치

콩나물김치 _ 평안도

평안도는 콩나물김치가 대표적이다. 국물을 넉넉히 붓고 담가 시원한 감칠맛이 좋고 국수나 냉면 등을 말아 먹기도 했다. 고춧가루를 넣어 빨갛게 하기도 하고 쪽파를 넣기도 한다.

재료 준비하기

콩나물 300g
홍고추 2개, 쪽파 50g
마늘 25g, 생강 5g
생수 1.8L, 토판염 25g

담그기

1 콩나물은 꼬리만 다듬어 끓는 물 800g에 소금 10g을 넣고 뚜껑을 연 채 5분 정도 삶아 콩나물 줄기가 투명해지면 꺼내서 찬물에 헹궈 물기를 뺀다. 덜 익히면 비리고 너무 익히면 물러지므로 조리 시간에 주의한다.

2 홍고추는 어슷하게 썰고 마늘과 생강은 곱게 채 썬다. 쪽파는 4cm로 썬다.

3 생수 1L와 콩나물 삶은 물을 섞은 후 소금을 넣어 간을 맞춘다. 여기에 채 썬 마늘, 생강, 홍고추, 쪽파, 삶은 콩나물을 넣어 섞는다.

4 콩나물 물김치는 여름에는 상온에서 하루 정도, 겨울에는 2일 정도 숙성시켜 먹는다. 무를 넣으면 젖산균이 생겨 시원한 맛이 난다. 식초를 약간 넣으면 만든 당일에 먹을 수 있다.

Part 4 팔도김치

콩잎김치 _ 경상도

노랗게 단풍진 콩잎을 소금물에 삭혔다가 끓는 물에 데쳐서
고춧가루, 액젓 등을 넣어 양념한 경상도 향토김치.

재료 준비하기

콩잎 500g, 실고추 10g
통깨 약간

양념

다시마물 400ml, 멸치액젓 140ml
집간장 100g, 고춧가루 160g
다진 마늘 100g, 다진 생강 20g
올리고당 300g

담그기

1 삭힌 콩잎은 끓인 물에 20분 정도 삶은 후 깨끗이 씻어 겹겹이 쌓아 물기를 꼭 짠다.
2 홍고추는 반으로 갈라 씨를 제거한 뒤 채 썰고, 쪽파는 송송 썰어둔다.
3 큰 그릇에 모든 양념 재료와 홍고추, 쪽파를 넣고 섞어 양념장을 만든다.
4 콩잎 2~3장에 양념장을 한 숟가락씩 끼얹어 통에 차곡차곡 담는다.
5 바로 먹어도 되고, 냉장 보관하여 익혀 먹어도 좋다.

memo

Part 5 어담채

갈치김치

김칫소를 양념할 때 갈치속젓을 넣고, 생갈치를 토막내 섞어 담근 김치. 김치를 충분히 숙성시킨 후 먹으면 더 맛있다. 남은 국물과 갈치는 김치찌개 등을 끓일 때 넣으면 시원하면서도 감칠맛이 좋다.

재료 준비하기

절임 배추 10kg, 갈치살 1kg

부재료

무 1.5kg, 배 600g, 쪽파 300g
갓 300g, 미나리 150g
고춧가루 200g

양념 1

건고추 300g, 갈치속젓 300g
새우젓 90g, 찹쌀죽 600g
다시마물 600ml, 마늘 450g
생강 120g

양념 2

멸치액젓 300ml, 갈치가루 30g
통깨 30g

갈치가루는 말린 실갈치를 분쇄기에 갈아서 사용하면 된다. 시판 갈치가루를 사용해도 된다.

담그기

1 절임 배추를 준비한다.
2 갈치는 전용 수세미로 비늘을 벗기고 머리·꼬리를 잘라내 깨끗이 씻어 2cm 크기로 토막 낸다.
3 무는 채 썰어 고춧가루로 고춧물을 들여놓고, 배도 채 썬다.
4 쪽파, 갓, 미나리는 4~5cm 길이로 썰어둔다.
5 양념 1의 건고추는 씻어 3~4등분해 믹서기에 넣고, 나머지 양념1 재료도 다 함께 넣어 갈아준다.
6 큰 그릇에 5의 양념을 모두 붓고 3과 4를 넣어 버무린 후 토막 낸 갈치, 통깨를 넣어 한 번 더 버무려 김칫소를 만든다. 간은 멸치액젓, 갈치가루로 맞춘다.
7 절임 배추에 김칫소를 배춧잎 사이사이와 줄기 부분에 채워서 겉잎으로 감싸 김치 통에 차곡차곡 담고 배추 겉잎을 덮어 마무리한다.
8 서늘한 곳(15℃)에서 2~3일 익혀 냉장 보관하여 2개월 정도 숙성하면 더욱 맛있는 갈치배추포기김치를 즐길 수 있다.

Part 5 어담채

굴김치

굴이 제일 맛있는 김장철에 굴을 넉넉히 넣고 담가 맛과 영양이 풍부한 고급 김치. 굴김치는 오래 보관하고 먹기보다는 담근 후 빨리 먹는게 좋다.

재료 준비하기

절임 배추 6.5kg, 굴 300g
무 1kg, 배 600g, 단감 2개
갓 200g, 쪽파 200g
미나리 150g

양념

찹쌀죽 400g, 생새우 200g
고춧가루 400g, 마늘 300g
생강 60g, 검은깨 25g
새우젓 60g, 조기젓 100g
황석어젓 100g

담그기

1 절임 배추를 준비한다.
2 무와 배, 단감은 0.2cm 굵기로 채 썬다.
3 갓과 쪽파, 미나리는 각각 4cm 길이로 썬다.
4 찹쌀죽, 생새우, 마늘, 생강을 믹서기에 넣어 갈아준다.
5 4에 젓갈을 넣어 잘섞고, 2와 3을 넣어 김칫소를 만든다.
6 절임 배추 사이사이에 김칫소를 넣은 후 겉잎으로 전체를 돌려 싸서 단면이 위로 오도록 통에 담고 푸른 겉잎을 덮어 공기가 통하지 않도록 꼭꼭 눌러준다.
7 서늘한 곳에 2~3일 익힌 후 냉장 보관한다.

memo

Part 5 어덤채

민어김치

여름철 보양 생선인 민어 머리와 뼈는 육수로 내고, 살코기를 썰어 넣고 김칫소를 만들어 담근 보양김치.

재료 준비하기

절임 배추 10kg, 민어살 500g
토판염 10g, 무 1.2kg, 배 600g
미나리 150g, 쪽파 200g
부추 150g

양념

민어 육수 1L, 고춧가루 300g
건고춧가루 300g
다진 마늘 300g, 다진 생강 80g
멸치액젓 250g, 조기젓 100g
새우젓 80g

담그기

1 절임 배추를 준비한다.
2 손질된 민어는 살코기와 머리, 뼈를 분리하고, 머리와 뼈는 육수로 만들어 완전히 식혀 놓는다.
3 무와 배는 채 썰고 부추, 미나리, 쪽파는 3~4cm 길이로 썬다.
4 민어 육수에 3의 재료와 나머지 양념 재료를 모두 넣고 고루 섞어 김칫소를 만든다.
5 민어 살은 먹기 좋은 크기로 잘라 토판염으로 밑간을 해둔다.
6 4에 5을 넣고 버무려 절임 배추 줄기와 잎 부분에 고르게 넣고 겉잎으로 감싸서 김치 통에 차곡차곡 담아 둔다.
7 배추 겉잎을 위에 덮어 여름날엔 20시간 실온 숙성 후 냉장 보관해서 10일 이후에 먹는다.

♣ 민어육수

민어 머리와 뼈 2kg, 생강 50g, 물 10L

❶ 민어 머리와 뼈를 찬물에 헹궈 채에 밭쳐 물기를 뺀다.
❷ 냄비에 물과 민어머리, 뼈, 생강을 넣고 끓인다.
❸ 팔팔 끓으면 중불로 줄여 1시간 30분 정도 끓여 보얀 국물이 우러나면 불을 끄고 건더기는 건진 다음 면보에 걸러서 식혀 쓴다.

※ 민어 5kg이면 머리와 뼈 무게가 2kg, 살코기 2.5kg 정도 된다.

Part 5 어딤채

전복배추김치

절임 배추에 김칫소를 만들어 생전복살을 썰어 넣고 담근 김치.

재료 준비하기

절임 배추 6.5kg, 전복 10마리
무 1kg, 배 500g, 갓 150g
쪽파 150g, 미나리 150g

양념

다시마 육수 600ml, 찹쌀죽 400g
새우젓국물 100ml
황석어젓 200g, 멸치액젓 100ml
고춧가루 400g, 다진 마늘 300g
다진 생강 50g, 실고추 약간
검정깨 약간

담그기

1 절임 배추를 준비한다.
2 무와 배는 채 썬다.
3 갓, 쪽파, 미나리는 각각 4cm 길이로 썬다.
4 전복은 손질해 깨끗이 씻은 후 채 썬다.
5 분량의 양념 재료를 잘 섞고 2, 3, 4를 모두 넣어 버무려 김칫소를 만든다.
6 배춧잎 사이에 김칫소를 넣은 후 겉잎으로 돌려 싸고 단면이 위로 오도록 통에 담아 겉잎을 덮어 공기가 통하지 않도록 꼭꼭 눌러둔다.

memo

Kimchi Recipe

Part 6 조선 3대

Part 7 궁중김치

Part 8 역사김치

Part 9 사찰김치

Part 6 조선 3대

개성보쌈김치

개성배추는 속이 연하고 잎이 길며 맛이 고소해 여러 가지 소를 넣고 배추잎으로 보자기 싸듯 싸서 담근 김치로 주로 반가에서 많이 먹던 고급 김치.

재료 준비하기

절임 배추 2포기

부재료

무 300g, 배 250g, 쪽파 30g
미나리 20g, 갓 30g, 생새우 100g
생굴 또는 전복 80g

양념

다진 마늘 20g, 다진 생강 5g
고춧가루 30g, 새우액젓 70ml
설탕 기호에 따라 1T

속고명

미나리 10g, 단감 60g
배 230g(고명 150g, 김칫소 80g)
홍고추 2개, 밤 2알, 석이버섯 3g
잣 20g, 실고추 3g

김칫국물

사태 육수 200ml, 생수 2.5L
새우액젓 30ml
새우젓 국물 30ml

김칫소 준비

1. 무는 채 썰고, 쪽파는 3cm 길이로 썬다.
2. 미나리는 가는 부분은 고명용으로 분리하고, 나머지 부분을 3cm 길이로 썬다. 갓은 1cm 길이로 썬다.
3. 생새우는 잘게 다지고, 굴은 소금물에 씻은 뒤 체에 밭쳐 물기를 제거한다.
4. 큰 그릇에 1과 2를 합치고, 다진 생새우, 생굴과 양념 재료를 모두 넣고 버무려 김칫소를 만든다.

속 고명 준비

1. 고명용으로 분리해 둔 미나리를 3cm 길이로 썬다.
2. 단감과 배는 껍질을 벗겨 너비 3cm, 두께 0.3cm 크기로 나박썰기해 준비한다. 썰고 남는 조각은 채 썰어 김칫소로 활용한다.
3. 홍고추는 채 썬 다음 찬물에 담가 씨를 제거한다.
4. 밤과 석이버섯은 가늘게 채 썰고, 실고추는 3cm로 자른다.
5. 잣은 고깔을 떼어내고 표면에 묻은 불순물을 닦아 준다.
6. 고명으로 준비한 미나리, 석이 채, 밤 채, 실고추는 한 데 섞어 둔다.

끈
소금물에 데친 미나리 20줄기

♣
❶ 개성은 추운 지역이라 생굴을 사용하였지만, 지역에 따라 낙지, 전복, 새우 등 달리 사용했다.
❷ 간을 할 때는 소금을 쓰지 않고 액젓으로만 간을 한다.
❸ 예전에는 작은 항아리에 하루 분량 만큼씩 따로따로 담아 하루에 항아리 하나를 헐어서 모두 소진해 먹었다고 한다.

7 끈으로 사용할 미나리는 잎을 떼고 소금물에 데쳐 찬물로 헹궈 물기를 뺀다.

보쌈김치 만들기

1 절인 배추 겉잎은 줄기부분을 약 1/3 정도 잘라내 준비한다.

2 밑면과 윗면의 넓이가 거의 동일한 크기의 대접(지름 15cm 내외, 깊이 5cm 정도)을 준비해 바닥에 보쌈김치를 쌀 수 있는 미나리 끈을 열십자(十)로 깔아준다.

3 미나리 끈이 놓여진 대접 바닥에 잘라 낸 부분이 가도록 겉잎을 3~4장 정도 넓게 펴서 바닥에 겹쳐 깔아준다. 이 때 배추잎의 절반 정도는 그릇 밖으로 늘어뜨려 보쌈김치를 잘 감쌀 수 있도록 한다.

4 절인 배추는 심지가 있는 밑동을 잘라낸 뒤 줄기 쪽에서부터 3.5~4cm 길이로 두 번 정도 자른다.

5 자른 배추 두 덩이를 마주보게 합쳐서 세워 동그랗게 만들어 그릇에 담는다. 이때 속고갱이는 일부 빼 김칫소 넣을 공간을 만든다.

6 담아 놓은 배추잎 사이사이에 나박 썬 배와 감 3~4조각과 속고명을 고루 넣는다. 이때 김칫소가 위로 올라오지 않도록 소를 너무 많이 넣지 않는다.

7 소를 넣었으면 맨 윗부분에 준비해 둔 김칫소를 듬뿍 올린 다음 한데 섞어 둔 고명을 얹는다.

8 노랗고 둥근 모양의 잎사귀로 고명 위를 잘 덮어준 후 그릇에 깔아 두었던 겉잎을 모양이 흐트러지지 않도록 동그랗게 싼다. 그릇 바닥에 깔아둔 미나리 끈으로 보자기를 싸듯 보쌈김치를 잘 묶는다.

9 보쌈김치는 작은 항아리에 차곡차곡 담고 그 위에 배춧잎을 한 겹 덮어 1~2일 숙성시킨 후에 사태 육수를 붓는다. 사태 육수는 차게 식힌 다음 면보에 걸러 불순물을 제거해 새우젓 국물을 넣어 섞고, 새우액젓으로 간을 맞춘다.

♣ 보쌈김치를 만들고 남은 배추와 무는 먹기 좋게 썰어 남은 양념에 버무려 섞박지를 만든다.

Part 6 조선 3대

전라반지

돼지고기를 기름없이 볶아 넣고 낙지·굴 등 재료가 화려한 전라도 명품김치. 계절에 따라 해산물을 달리하며, 해물의 시원한 맛 때문에 남도의 반가음식으로 꼽힌다.

재료 준비하기

절임 배추 5kg
다진 돼지고기 100g, 무 300g
배 300g, 낙지 200g, 전복 2마리

부재료 1

무 300g, 쪽파 50g, 미나리 50g
갓 50g, 청각 50g, 배 300g
밤 20g, 청·홍고추 각 3개
생강 10g, 마늘 20g, 석이버섯 10g

부재료 2

무 300g, 배 300g
마른 고추 10개, 마늘 25g

양념

멸치액젓 50ml, 찹쌀죽 100g
고춧가루 12g, 잣 50g, 통깨 약간

국물

새우젓국(생수 2L + 새우젓 50g)

담그기

1 절인 배추를 준비한다.
2 냄비에 물과 새우젓을 넣고 끓인 다음 식혀서 체에 걸러 새우젓국을 준비해 둔다.
3 다진 돼지고기는 양념하지 않고 뜨거운 팬에 기름 없이 볶아낸다.
4 무와 배를 가로 3cm, 세로 4cm, 두께 0.7cm의 반달 모양으로 썬다.
5 낙지는 소금으로 문질러 씻어 뻘을 제거한 후 5cm 길이로 썰고, 전복은 껍질과 내장을 제거한 후 살만 편으로 썬다.
6 부재료 1의 무는 채 썰고 쪽파, 미나리, 갓, 청각은 4cm 길이로 썬다. 배, 밤, 청·홍고추, 생강, 마늘, 석이버섯도 채 썬다.
7 부재료 2의 무와 배는 작은 크기로 잘라 마른 고추, 마늘과 함께 믹서에 간다.
8 새우젓국을 제외한 모든 재료를 한데 섞고 김칫소를 만든 다음, 배추 사이사이에 소를 넣고 겉잎으로 감싸준다.
9 통에 배추를 차곡차곡 넣고 중간중간에 반달모양으로 썰어둔 무와 배를 넣는다.
10 2의 새우젓국을 붓고 서늘한 곳에서 숙성 후 냉장 보관하여 먹는다.

Part 7 궁중김치

비늘김치

무를 절탄으로 자른 뒤 비늘 모양으로 칼집을 내고, 그 사이에 김칫소를 박아 넣어 만든 김치.

재료 준비하기

초롱무(동치미무) 1kg
소금물(물 200ml + 천일염 30g)

김칫소
무 200g, 토판염 5g, 배 100g
밤 20g, 대추 10g, 마늘 15g
생강 5g, 석이버섯 3g
미나리 20g, 쪽파 10g
새우젓 15g, 실고추 3g, 잣 5g
검정깨 약간

담그기

1 무는 청을 떼어내고 솔로 문질러 씻어 반으로 갈라 1시간 정도 절인 후 꺼내어 둥근 부분에 칼집을 2cm 간격으로 어슷하게 넣고, 다시 소금물에 담가 1시간 절인다. 다 절여지면 흐르는 물어 한 번만 헹궈 건져 물기를 뺀다. 무청도 소금물에 살짝 절여서 한 번 헹궈 건져 물기를 뺀다.

2 김칫소 재료로 준비한 무는 곱게 채 썰어 토판염에 살짝 절인 다음 건져 물기를 뺀다.

3 배는 껍질을 벗기고 씨를 도려낸 다음 무채와 같은 크기로 채 썰고, 밤, 마늘, 생강은 곱게 채 썬다.

4 석이버섯은 물에 불려 뒷면의 이끼를 제거한 다음 돌돌 말아 채 썬다.

5 미나리와 쪽파는 2cm 길이로 썬다.

6 준비한 2, 3, 4, 5 재료들을 함지박에 모두 넣고 버무려 김칫소를 만든다.

7 절인 초롱무의 칼집 사이로 준비한 소를 채워 넣고 통에 차곡차곡 넣은 후 미리 절여둔 무청을 펼쳐 덮고 꼭꼭 누른다.

8 하루 정도 실온에서 익힌 다음 냉장고에 넣어두고 2주 정도 지나 맛이 충분히 들었을 때 꺼내 먹는다.

Part 7 궁중김치

석류김치

무에 바둑판 모양으로 칼집을 넣고 사이에 소를 채워
담근 김치. 김치 모양이 익은 석류알이 벌어진 것과 닮아서
붙여진 이름.

재료 준비하기

무 2kg(2개), 배춧잎 10장
소금물(물 400ml + 토판염 100g)

김칫소
무 500g, 배 200g, 밤 30g
미나리 30g, 실파 10g
석이버섯 5g, 마늘 10g
생강 5g, 생수 1L

양념
새우젓 40g, 토판염 20g
실고추 적당

담그기

1. 배춧잎과 무는 깨끗하게 씻고, 손질한 무는 4cm 두께로 원통썰기 한다.
2. 원통 모양의 무를 1.5cm 간격의 바둑판 모양으로 칼집을 낸다.
3. 칼집을 낸 무와 씻은 배춧잎은 소금물에 1시간 정도 절였다가 찬물에 한 번 헹궈 채반에 올려 물기를 뺀다.
4. 무, 배, 밤, 마늘, 생강은 0.2cm 두께로 곱게 채 썬다.
5. 미나리, 실파는 2cm 길이로 썰고, 물에 불린 석이버섯은 뒷면의 이끼를 제거한 다음 돌돌 말아 채 썬다.
6. 함지박에 **4**와 **5**를 모두 합친 후 새우젓, 소금, 실고추를 넣고 간을 맞춰 소를 만든다. 바둑판 모양으로 썬 무 사이로 소를 꼭꼭 눌러 넣는다.
7. 절인 배추로 무를 싸서 말아 항아리에 담는다.

Part 7 궁중김치

송송이

무를 정사각형으로 작게 썰어 담근 깍두기로 무의 신선도와 모양을 엄격하게 관리했다.

재료 준비하기

무 5kg, 토판염 125g

양념

찹쌀죽 200g, 생새우 100g
새우젓 200g, 쪽파 75g
고운 고춧가루 50g
고춧가루 100g, 다진 마늘 125g
다진 생강 25g, 검은깨 5g
토판염 5g

담그기

1. 무는 단단하고 매끈한 중간 크기의 조선무를 고른다. 잔뿌리를 떼고 솔로 문질러 겉에 묻은 흙을 깨끗이 씻어내고 사방 2cm 크기로 깍둑썬다. 정사각형 모양으로 썰고 남은 둥근 가장자리는 따로 모아 섞박지를 담그거나 다시 국물을 낼 때 쓴다.
2. 썰어놓은 무에 소금을 뿌리고 뒤적여 가며 1시간 정도 절인 후 소쿠리에 받쳐 물기를 뺀 다음, 고운 고춧가루를 뿌려 고춧물을 들인다.
3. 쪽파는 깍두기와 같은 길이인 2~3cm 길이로 썰어야 지저분해 보이지 않는다. 무에서 나온 무청은 절이지 않고 2~3cm 길이로 썰어 넣어도 맛있다.
4. 생새우는 다지고, 찹쌀죽과 새우젓, 양념 재료를 모두 넣어 고루 섞은 후 고춧가루가 불 때까지 10분 정도 둔다.
5. 준비한 양념에 무와 쪽파를 함께 넣은 다음 버무린다.
6. 서늘한 곳에 하루 정도 두었다가 냉장 보관하여 10일 후 먹는다.

Part 7 궁중김치

장김치

소금과 고춧가루를 사용하지 않고 간장으로 간을 맞추어 담그는 물김치. 견과류 등 고급재료가 들어가 추석이나 설에 주로 담가 먹었다.

재료 준비하기

알배기배추 700g, 무 500g
집간장 200ml

김칫소

미나리 30g, 파 30g, 표고 20g
석이버섯 10g, 밤 20g, 배 200g
통마늘 20g, 통생강 5g, 잣 10g

국물

생수 600ml, 꿀 10g
실고추 약간

담그기

1 알배기배추를 준비하여 밑동을 1cm 정도 자르고 한 장씩 떼어 흐르는 물에 깨끗이 씻어 채반에 건져 물기를 털어내고 사방 3cm 크기로 썰어 둔다.

2 무도 배추와 같은 크기로 납작하게 썰어 배추와 함께 집간장에 1시간 정도 절여 건진다.

3 배는 껍질을 벗겨 무와 같은 크기로 썰고 밤은 편으로 썬다.

4 미나리는 잎은 떼어내고 줄기만 깨끗이 씻어 3cm 길이로 썰고, 표고는 물에 불려 기둥은 떼어내고 은행잎 모양으로 썬다. 석이버섯은 물에 불려 이끼를 벗겨내고 채 썬다.

5 파는 3cm 길이로 썰고, 마늘과 생강은 채 썬다.

6 배추와 무를 절였던 간장에 생수와 꿀을 넣고 김칫국물을 만든다.

7 통에 배추와 무, 준비한 모든 재료를 넣고 6의 국물을 붓는다.

8 실온에 2~3일 1차 숙성 후 냉장 보관해서 먹는다. 상에 낼 때 잣을 띄워 낸다.

Part 7 궁중김치

젓국지

궁중에서 담근 통배추김치로 김치를 담글 때 비린내가
많이 나는 멸치젓이나 갈치젓은 쓰지않고 새우젓, 조기젓,
황석어젓을 주로 썼다.

재료 준비하기
절임 배추 2.5kg, 무 500g
천일염 10g

김칫소
미나리 50g, 쪽파 50g, 갓 50g
무 500g, 배 150g, 밤 10g
청각 25g, 실고추 약간

해산물
낙지 100g, 밀가루 8g
굴 100g, 조기젓국 50ml
새우젓 50g

양념
다진 마늘 50g, 다진 생강 15g
고춧가루 100g

국물
소고기 육수 400ml, 토판염 5g

담그기

1. 절임 배추를 준비한다.
2. 무는 가로 5cm, 세로 7cm의 섞박지 크기로 잘라 소금에 절인 후 흐르는 물에 씻어 소쿠리에 건져 물기를 뺀다.
3. 새우젓은 다지고, 조기젓국은 체에 밭쳐 국물만 쓴다.
4. 미나리, 쪽파, 갓은 4cm 길이로 썰고, 무, 배, 밤은 채 썬다.
5. 굴은 소금물에 살살 흔들어 씻어 채에 밭쳐 물기를 뺀다.
6. 낙지는 머리의 내장을 제거하고 밀가루를 넣어 바락바락 문질러 여러 번 헹군 다음 끓는 물에 넣어 살짝 데쳐 1~2cm 크기로 썬다.
7. 함지박에 4, 5, 6의 재료를 모두 합치고, 양념 재료를 넣어 버무려 김칫소를 만든다.
8. 절인 배추에 7의 김칫소를 넣고 배춧잎으로 덮어 김치 통에 담고 절인 무를 위에 넣는다.
9. 김칫소를 버무렸던 함지박에 소고기 육수를 붓고 토판염 간해 김치 통에 붓는다.
10. 배추 겉잎으로 꼭꼭 눌러 덮어놓고 익혀 먹는다.

Part 8 역사김치

무장김치 _ 동국이상국집(1241년)

(원문) 무 뿌리와 잎 고운 것을 시든 잎 없게 하되 무 몸이 상하지 않게 모두 씻어 간하여 세 동이에 좋은 감장 한 사발을 흰깨(백임자) 한되 반 볶아 함께 찧어서 가는 베 주머니에 넣어 독 밑에 담고 무를 씻어 간을 잠깐 하여 독에 넣은 이튿날 정화수를 가득 부어두면 맛이 각별히 좋으니라.

재료 준비하기

무 5.2kg, 천일염 150g

양념

무절임용 간장 50ml, 흰깨 100g
토판염 100g, 생수 5L

담그기

1. 무는 뿌리와 시든 잎을 제거하고 상처가 나지 않도록 깨끗하게 씻는다.
2. 무를 소금에 굴려 항아리에 차곡차곡 담아 무 겉면이 부드러워지도록 하루 정도 절인다.
3. 깨와 간장 절구에 찧기 - 볶은 깨와 간장을 절구에 넣고 찧은 다음 베주머니에 넣고 새어 나오지 않도록 묶는다.
4. 재료 한데 섞기 - 3의 베주머니를 항아리 바닥에 두고 그 위에 절임 무를 차곡차곡 담는다.
5. 김칫국물 붓기 - 물에 분량의 토판염을 넣고 녹여 소금물을 만든 다음 무가 잠기도록 항아리에 붓는다.

♣
❶ 소금에 절여 국물을 붓는 형태의 일반적인 동치미와 달리 간장과 깨를 넣어 맛을 내는 것이 특징이다.
❷ 1241년(고려 고종 28년)에 간행된 이규보의 《동국이상국집》에는 이규보가 텃밭에서 가꾼 오이, 가지, 무, 파, 아욱, 박 등 여섯가지 채소를 읊은 한시 '가포육영'이 나온다.
❸ 가포육영에는 조리방법이 없으므로 조선초기 최씨음식법 준용했다.

Part 8 역사김치

맨드라미가지김치 _ 최씨음식법(1660년)

충청도 반가의 종부 해주 최씨(1591-1660)가 기록한 조리법 《최씨음식법》에는 가지김치에 맨드라미꽃을, 무김치에 할미꽃을 넣는 등 독창적인 조리법이 실려있다.

재료 준비하기

가지 5개, 맨드라미 꽃 1송이
마늘 6개
소금물(생수 1L + 토판염 30g)

담그기

1 맨드라미를 깨끗하게 씻어 물기를 빼둔다.
2 가지는 씻어 세로로 길게 칼집을 낸다.
3 마늘을 저며 가지 사이에 끼운다.
4 마늘을 끼운 가지를 항아리에 넣는다.
5 항아리에 소금물을 넘치게 붓는다.
6 맨드라미 넣어 가지에 붉은색이 우러나도록 하여 익혀 먹는다.

memo

Part 8 역사김치

생치김치 _ 음식디미방(1670년)

생치는 익히지 않는 꿩고기이다.
《규곤시의방》의 생치김치는 소금에 절인 오이와 삶은 꿩의 살을
따뜻한 소금물에 나박김치처럼 담근 것이라고 되어 있다.

재료 준비하기

생치(꿩) 1마리, 오이지 5개

육수
물 3L, 대파 1대, 마늘 5개
생강 1개

국물
생수 800ml, 토판염 15g

담그기

1. 꿩은 털을 뽑고 내장을 제거한 뒤 깨끗하게 씻는다.
2. 대파는 8cm 길이로 큼직하게 토막 내고, 마늘과 생강은 편으로 썬다.
3. 냄비에 손질한 꿩을 통째로 담고 물, 대파, 마늘, 생강을 넣고 고기가 익도록 푹 삶는다.
4. 꿩이 익으면 건져내어 한 김 식힌 뒤 살코기를 먹기 좋게 결대로 찢는다. 꿩고기를 삶은 국물은 체에 걸러 식힌다.
5. 식힌 꿩 육수에 생수와 토판염을 넣어 간을 맞춘다.
6. 오이지는 길게 반으로 갈라 3cm 길이로 썬다.
7. 항아리에 오이지와 꿩고기를 담고 5의 국물을 부어 익혀 먹는다.

Part 8 역사김치

알무김치 _ 증보산림경제(1766년)

(원문) 첫서리 후 나복 뿌리와 잎을 취해 씻고 따로 연한 고추 열매 줄기잎을 취해 둔다(이것은 서리가 찰 때 먼저 짠지를 만들어 두었다가 이 때에 이르러 합해서 담는다).
원문에는 삭힌 고추만 들어갔으나 동일 연대 김치 제조 시 고춧가루, 실고추가 사용되었으므로 김치 색을 내기 위해 마른 고추를 확에 갈고, 칼로 잘라서 넣었다.

재료 준비하기

총각무 500g, 호박 300g
동아 300g, 오이 200g
갓 100g, 미나리줄기 50g
천일염 100g, 생수 600ml
삭힌고추 200g, 절인가지 150g
마늘즙 50g, 산초 10g

국물
생수 2L, 토판염 30g

♣
❶ 원문에 없으나 아주 소량 확독에 간 고추와 칼로 자른 건고추를 넣었다.
❷ 총각김치의 원형에 해당되므로 무청을 제거하지 않고 담았다.
❸ 고서에 나온 원문을 해석해 담근 이미지다.

담그기

1. 무를 연한 잎사귀와 함께 씻어 놓는다.
2. 이슬이 차가울 때에 고추와 잎사귀와 연한 줄거리를 짜게 절여 두었다가 우려 넣는다.
3. 청각, 어린 오이, 아이 주먹만 한 호박과 잎사귀, 순 줄기와 갓 나온 새잎 모두 절였다가 넣는다. 호박 순은 갓 나온 새잎과 줄기를 쓰되 겉에 있는 껍질을 벗기고 절여야 하며 동아는 껍질째 손바닥 만큼씩 썰어 절여 두었다가 넣을 때에 껍질을 벗기고 썰어 넣으면 빛이 희고 좋다.
   ♣ 이 책에서는 총각무, 호박, 동아, 오이, 갓, 미나리줄기를 한곳에 담고 물 600ml와 천일염 100g을 섞어 절였다.
4. 큰 마늘로 즙을 내어 독에 산초와 부추를 켜켜로 넣고 마늘즙을 넣은 후에 좋은 샘물에 소금을 타서 위에까지 차도록 붓고 주둥이를 잘 봉한다.
5. 땅에 묻었다가 섣달에 꺼내어 먹으며 김이 나지 않도록 잘 보관하면 봄까지 먹을 수 있다. 담글 때에 미나리도 넣고 어린 가지도 절여 넣는다.

Part 8 역사김치

닭김치 _ 조선무쌍신식요리제법(1924년)

삶은 닭고기 살을 주재료로 미리 담근 김칫국물을 부어 얼음을
채워 먹는 김치이다. 여름철에 시원하게 먹을 수 있으며,
예로부터 술안주로 많이 담가 먹었다.
'조선요리법', '간평조선요리제법', '조선무쌍신식요리제법',
'이조궁정요리통고' 등에 기록되어 있다.

재료 준비하기

닭 1마리, 다진 소고기 100g
표고버섯 20g, 석이버섯 5g
두부 100g, 다진 마늘 15g
파 30g

양념

설탕 15g, 간장 15ml
토판염 취향대로, 식초 약간
오이송송이 200g

담그기

1 닭은 깨끗이 손질해 씻는다.
2 표고버섯, 석이버섯은 채 썰고, 파는 송송 썬다.
3 다진 소고기와 2의 재료에 마늘을 넣고 잘 섞어 닭 배 속에
  넣어 실로 동여맨 후 물에 넣고 푹 삶는다.
4 속까지 잘 익으면 건져내 배 속에 넣은 것을 꺼내 담아 두고,
  닭고기는 살만 찢어 그릇에 담는다.
5 닭 삶아낸 국물은 식혀 기름을 걷어내고 소금, 설탕, 간장,
  식초로 간을 맞춰 오이송송이 국물과 섞는다.
6 닭고기를 담은 그릇에 국물을 붓고 얼음을 띄워 차게 먹는다.

Part 9 사찰김치

가죽김치

사찰음식은 육류와 오신채(五辛菜)를 넣지 않는 채식 음식이다. 오신채는 매운맛이 나는 파·마늘·달래·부추·흥거를 다섯 가지를 의미한다.
참죽나무의 새순 잎과 줄기를 꺾어 달달한 감초물과 찹쌀죽을 쑤어 진간장에 버무린 김치로 독특한 향과 식감을 살렸다.

재료 준비하기

가죽나물 700g, 무 300g
토판염 10g

양념

청고추 2개, 홍고추 1개
감촛물 찹쌀죽 200g
집간장 45ml, 고춧가루 30g
다진 생강 5g, 통깨 5g

♣ **감촛물 찹쌀죽**

감초 5g + 다시마 5g + 찹쌀가루 10g + 물 400ml

냄비에 감초와 다시마를 넣고 끓이다 10분쯤 후 건더기는 건지고 찹쌀가루를 물에 개어 넣고 죽을 쑤어 식힌다.

담그기

1. 가죽나물은 잎과 줄기를 한 가닥씩 떼어 깨끗이 씻은 다음, 먹기 좋게 손질해 둔다.
2. 무는 채 썰어 소금을 뿌려 30분간 절인 후 채반에 밭쳐 물기를 뺀다.
3. 청·홍고추는 반으로 갈라 씨를 빼고 채 썰어둔다.
4. 감촛물 찹쌀풀에 집간장, 고춧가루, 다진 생강, 청·홍고추를 모두 넣고 양념장을 만들어 놓는다.
5. 4의 양념장에 절인 가죽나물과 무채를 넣고 버무려 용기에 담는다.
6. 바로 먹어도 되고 하루 숙성 후 냉장 보관한다.

Part 9 사찰김치

고수김치

미나리과에 속하는 향채로 채수와 집간장으로 양념장을 만들어 뒀다가 먹을 때 바로 무쳐 먹는 겉절이 형태의 김치.

재료 준비하기

고수 200g, 홍고추 1개

양념
채수 20ml, 집간장 20ml
고춧가루 10g, 식초 10ml
원당 10g

담그기

1 고수는 뿌리째 깨끗이 씻어 물기를 빼놓는다.
2 볼에 분량의 양념 재료를 넣고 섞어서 양념장을 만든다.
3 2에 고수를 넣고 버무려 낸다.

♣
- 일반적인 고수겉절이는 4~5cm 길이로 잘라 양념에 버무린다.
- 고수겉절이는 먹기 전에 바로 버무려 낸다.
- 사과채를 넣고 버무리면 더욱 맛있다.

memo

Part 9 사찰김치

된장갓김치

여수 돌산갓에 젓갈류를 넣지 않고 된장 양념으로 담근 김치.
쌉쌀하고 톡쏘는 매운 맛이 특징이다.

재료 준비하기

돌산갓 2kg, 물 500ml
천일염 80g

양념

채수 600ml
고춧가루 100g, 찹쌀죽 200g
된장 100g, 생강 30g

담그기

1 포기가 크지 않고 연한 갓을 골라 지저분한 겉잎은 떼어내고 흐르는 물에 한 번만 씻어 건진다.
2 물에 소금양의 반만 넣어 녹인 다음 갓을 넣어 담그고, 나머지 소금을 끼얹어 가며 절인다. 3시간 동안 절이는데 도중에 한 번 뒤집어 절인다. 다 절여지면 흐르는 물에 씻어 건져 물기를 뺀다.
3 다시마물에 고춧가루를 넣어 불린 다음 찹쌀죽, 된장, 생강을 넣어 양념장을 만든다. 김치의 간은 된장으로 한다.
4 절여놓은 갓을 양념장에 버무린다. 3~4줄기씩 가지런히 모은 다음 타래를 지어 통에 차곡차곡 눌러가며 담는다.
5 상온에서 하루 익힌 다음 냉장고에 넣어두고 3주가 지나면 먹기 시작한다.

Part 9 사찰김치

좁쌀알타리김치

무청이 달린 상태로 절인 알타리무를 차조죽, 채수에 고춧가루를 넣고 양념장을 만들어 버무려 익힌 사찰김치다.

재료 준비하기

알타리 2kg(1단)
소금물(물 1L + 천일염 100g)
쪽파 70g

양념

차조죽 100g, 채수 130ml
토판염 13g, 고춧가루 80g
다진생강 10g

담그기

1. 알타리는 작고 단단한 것을 골라 시든 잎의 끝부분을 떼어낸다. 밑동은 도려내고 잔털을 제거한 뒤 솔로 문질러 깨끗이 씻는다.
2. 소금물에 알타리를 세워 넣어 2시간 정도 절인 다음, 무청까지 담가 2시간 정도 더 절인다. 무가 휘어질 정도로 절여지면 두세 번 헹군 후 건져 물기를 뺀다.
3. 차조죽과 채수, 나머지 양념 재료를 모두 넣고 섞는다. 고춧가루가 불 때까지 약 10분 정도 기다린다.
4. 절인 알타리를 가지런히 놓고 양념을 바르듯이 고루 버무린다. 무를 한번 먹을 분량씩 집어 무청을 돌돌 말아 보관 용기에 차곡차곡 담는다. 소금에 절여둔 무청 겉잎으로 맨 위를 덮어 꼭꼭 눌러둔다.
5. 상온에서 하루 정도 익힌 후 냉장고에서 20일간 숙성시켜 먹는다.

Part 9 사찰김치

홍시배추김치

씨를 발라낸 홍시와 채 썬 배·무 등을 찹쌀죽, 채수, 고춧가루와 잘 섞고 소금 간 해 김칫소를 만들어 담근 비건 김치.

재료 준비하기

절임 배추 5kg

김칫소
홍시 500g, 무 700g, 배 200g
갓 100g, 미나리 100g

양념
채수 500ml, 현미죽 200g
고춧가루 150g
다진생강 20g, 토판염 55g

담그기

1 절임 배추를 준비한다.
2 무와 배는 0.5cm 두께로 채 썰고, 미나리와 갓은 4cm 길이로 썬다.
3 홍시는 껍질을 벗겨 속만 골라내어 준비한다.
4 생수에 토판염을 녹이고 찹쌀죽과 다시마물, 고춧가루, 다진생강, 홍시를 넣고 잘 섞는다.
5 4에 무, 배, 미나리, 갓을 넣고 버무려 김칫소를 만든다.
6 절인 배추에 5의 소를 켜켜이 넣고 가지런히 오므린 후, 겉잎으로 감싸 항아리에 담는다.
7 서늘한 곳에 36시간 두었다가 김치냉장고에서 20일 숙성시켜 먹는다.

memo

Kimchi Recipe

Part 10 스페셜 김치

Part 10 스페셜 김치

찰스김치

찰스김치는 김치를 담가 실제로 영국의 찰스 왕세자에게 전달한 김치다. 외국인임을 감안해 젓갈은 새우젓을 물에 끓여 걸러서 젓국물로 비린맛을 최소화해 넣었다.

재료 준비하기

절임 배추 5kg, 무 1kg, 배 1kg
쪽파 60g, 갓 60g, 미나리 40g
생전복 4마리

양념

다시마물 800ml, 찹쌀죽 200g
새우액젓 100ml, 마늘 100g
생강 10g, 고춧가루 100g
토판염 60g

담그기

1 절임 배추는 자른 단면을 아래로 엎어 3시간 정도 물을 뺀다.
2 다시마물을 끓여 전복, 마늘을 넣고 익으면 전복은 꺼내 놓고 다시마물은 식힌다.
3 다시마물이 식으면 믹서기에 넣고 찹쌀죽, 새우액젓, 생강을 넣어 갈아준다.
4 3에 고춧가루를 넣어 섞고, 토판염으로 간해 양념장을 만든다.
5 무와 배는 채 썰고, 쪽파·갓·미나리를 손질하여 3~4cm 길이로 썰어 놓는다.
6 4의 양념장에 5를 넣고 버무려 김칫소를 만든다.
7 절임 배추 줄기 부분에 김칫소를 한 켜 한 켜 빠짐없이 골고루 넣어주고 겉잎으로 감싸서 용기에 담는다.
8 배추 겉잎으로 김치 윗부분을 덮어 꾹꾹 누른 다음 실온에 2~3일 익혀 냉장 보관한다.

♣ 한영문화교류(KBCE)의 창립자이자 ESEA 문화축제의 디렉터인 저스티나 장(Justina Jang)이 이하연 명인이 담근 '찰스김치'를 찰스 3세 국왕에게 전달하는 모습.

당근김치

재료 준비하기

당근 1kg, 토판염 20g, 원당 10g

양념

고춧가루 20g, 멸치액젓 30ml
다진 마늘 20g, 올리브유 45g
들기름 45g

담그기

1 당근은 손질해 씻은 다음 채칼로 채 썬다.
2 토판염과 원당을 넣고 30분간 절인다.
3 고춧가루와 액젓을 넣고 조물조물 무친다.
4 팬을 달군 다음 중약불로 줄여 올리브유와 다진 마늘을 넣고 마늘이 타지 않도록 저으며 끓인다.
5 뜨거운 기름을 당근에 붓고 버무린다. 부족한 간은 토판염이나 액젓으로 한다.
6 마지막으로 들기름을 넣고 다시 한번 버무린 후 그릇에 담고, 송송 썬 쪽파와 검은깨를 뿌려 낸다.

루꼴라겉절이

재료 준비하기

루꼴라 300g, 쪽파 30g
청고추 10g, 홍고추 10g

양념

간장 15ml, 멸치액젓 15ml
다시마물 30ml, 고춧가루 10g
다진마늘 15g, 참기름 15g
깨소금 10g

담그기

1 루꼴라를 흐르는 물에 깨끗이 씻어 물기를 빼놓는다.
2 청·홍고추를 채 썰어 놓는다.
3 참기름과 깨소금을 제외한 양념 재료를 모두 섞어 양념장을 만들고, 1과 2를 넣어 살살 가볍게 버무리다 참기름과 깨소금을 넣고 마무리한다.

♣ 루꼴라가 길면 손으로 절반 잘라서 무쳐도 된다.

바질겉절이

재료 준비하기

바질 150g
식초물(물 1L + 식초 15ml)
홍고추 5g

양념

고춧가루 10g, 멸치액젓 15ml
다진 마늘 5g, 통깨 약간

담그기

1 물에 식초를 넣고 바질을 3분 정도 담근 다음 흐르는 물에 2~3회 헹궈 채반에 밭쳐 물기를 제거한다.
2 홍고추는 통으로 송송 썰어 놓는다.
3 고춧가루, 액젓, 마늘을 섞어 양념장을 만든다.
4 바질과 홍고추를 양념장에 넣고 살살 버무려 접시에 담는다.
5 통깨를 솔솔 뿌려낸다.

♣ 바질은 향이 강하고 이색적이어서 고기를 먹을 때 곁들이면 더없이 좋다.

청경채김치

재료 준비하기

청경채 1kg
소금물(물 200ml + 토판염 20g)
쪽파 30g, 홍고추 1개

양념

고춧가루 30g, 찹쌀죽 30g
다시마물 30ml, 배 30g
마늘 30g, 생강 5g
멸치액젓 20ml, 새우젓 10g

담그기

1 청경채는 반으로 갈라 깨끗이 씻고 소금물을 만들어 청경채에 골고루 뿌려 20분 정도 절였다가 채반에 밭쳐 물기를 뺀다.

2 쪽파는 송송 썰고, 홍고추는 반으로 갈라 씨를 제거하고 채 썬다.

3 믹서기에 고춧가루를 제외한 모든 양념 재료를 넣고 간다.

4 3의 양념에 고춧가루를 넣고 고루 섞어 양념장을 만든다.

5 양념장에 청경채를 잘 버무린 후 쪽파와 홍고추를 넣고 골고루 섞어 완성해 용기에 담아 바로 먹어도 되고, 숙성시켜 먹는다.

토마토김치

재료 준비하기

토마토 1kg, 파 20g, 홍고추 20g

양념

멸치액젓 30ml, 고운 고춧가루 20g
다진 마늘 15g, 통깨 약간

담그기

1. 토마토를 깨끗이 씻은 다음 한입 크기로 자르고, 파와 홍고추는 송송 썰어둔다.
2. 자른 토마토에 액젓, 고운 고춧가루, 다진 마늘, 파, 홍고추를 넣고 버무린다.
3. 통깨를 솔솔 뿌려낸다.

♣ 토마토의 달콤한 맛과 액젓의 짭조름한 맛이 어우러져 어느 음식에나 잘 어울린다.

홍갓콜라비물김치

재료 준비하기

콜라비 1.5kg
홍갓 200g, 소금 40g

국물

생수 2L, 찹쌀죽 100g
콜라비 자투리 500g, 사과 100g
배 100g, 생강 10g, 마늘 30g
토판염 30g

담그기

1 콜라비를 새끼손가락 크기로 막대썰기하고 자투리는 국물용으로 남겨둔다.

2 홍갓은 3~4cm 길이로 잘라 콜라비와 함께 소금에 절였다가 채반에 건져 물기를 빼놓는다.

3 믹서기에 사과, 배는 잘게 잘라 넣고, 콜라비 자투리, 생수와 찹쌀죽 등 국물용 재료를 함께 갈아 준다.

4 3의 재료를 베 보자기에 걸러 소금 간 해 김치국물을 만든다.

5 용기에 절인 콜라비와 홍갓을 담고 4의 국물을 부어 실온에 하루 익힌 다음 냉장 보관해서 먹는다.

Part 10 스페셜 김치

과일복쌈김치

소금에 절인 배춧잎에 사과, 배, 밤, 은행, 잣 등 여러 재료를 넣고 복주머니처럼 싸서 국물김치로 담가 놓고 시원하게 먹는 김치.

재료 준비하기

배춧잎 10장
소금물(물 600ml + 천일염 53g)
무 150g, 배추속대 150g
천일염 10g, 사과 100g
배 100g, 밤 1개

양념

고운 고춧가루 15g
새우액젓 15g, 다진 마늘 10g
다진 생강 5g, 토판염 5g
찹쌀 풀 20g

국물

생수 1L, 배즙 100ml, 토판염 12g

끈

미나리 10줄기

고명

잣 50개, 은행 10개

담그기

1 배추 밑동을 자르고 잎을 각각 떼어내어 소금물에 3시간 정도 절여 물기를 빼둔다.

2 무와 배추속대는 사방 2cm 크기로 나박나박 썰어 소금 10g에 30분 정도 절여 물기를 빼둔다.

3 배는 껍질을 제거하고 사과는 껍질째 깨끗이 씻어 2cm 크기로 나박나박 썬다. 밤은 편으로 썰어둔다.

4 2와 3을 합치고 분량의 양념 재료를 넣고 버무려 김칫소를 만든다.

5 미나리는 잎을 제거하고 줄기만 끓는 소금물에 살짝 데쳐 찬물에 헹궈 물기를 꼭 짜둔다.

6 1의 절인 배춧잎을 깔고 김칫소를 30g 정도 넣고 잣 3~4알, 은행 1알을 올려 배춧잎을 오므려 미나리 끈으로 감아 묶어 복쌈을 만든다.

7 물과 배즙을 섞고 토판염으로 간해 국물을 만든다.

8 6의 복쌈을 용기에 담고 국물을 부어 상온에서 하루 숙성 후 냉장고에 넣고 새콤한 맛이 들면 먹는다.

미니양배추김치

재료 준비하기

미니양배추 1kg
소금물(물 200ml + 천일염 30g)
쪽파 20g, 홍고추 10g

양념

다시마물 200ml, 찹쌀죽 50g
콜라비(무, 배) 20g, 새우젓 20g
마늘 20g, 생강 5g, 고춧가루 30g

담그기

1 미니양배추는 깨끗이 씻어 반으로 잘라 소금물에 1시간 이상 절인 후 채반에 건져 물기를 빼준다.
2 쪽파는 1cm 길이로 썰고, 홍고추는 반으로 갈라 씨를 제거하고 채 썰어 놓는다.
3 고춧가루를 제외한 모든 양념 재료를 썰어 믹서기에 넣고 간다.
4 3의 양념에 고춧가루를 넣고 섞어 양념장을 완성한다.
5 완성된 양념장에 절인 미니양배추를 넣고 버무린 후 쪽파, 홍고추를 넣고 한 번 더 버무려 용기에 담는다.
6 하루 실온숙성 후 냉장 보관한다.

참외송송이

재료 준비하기

참외 1.3kg, 토판염 20g
쪽파 20g, 검은깨 약간

양념
멸치액젓 20g, 다진 마늘 15g
고춧가루 20g

담그기

1 참외를 깨끗이 씻은 다음 양쪽 끝은 잘라내고 반으로 갈라 참외 속을 파내어 따로 둔다.
2 참외를 세로로 길게 잘라 깍둑썰어 소금을 넣고 1시간 절인다.
3 참외 속을 채에 밭쳐 참외 속 국물을 받아둔다.
4 3에 액젓, 다진마늘, 고춧가루를 넣어 양념장을 만든다.
5 양념장에 절인 참외를 넣고 버무려 그릇에 담은 후 송송 썬 쪽파와 검은깨를 뿌려낸다.

Part 10 스페셜 김치

콜라비섞박지

콜라비는 양배추와 순무를 합쳐놓은 식감과 단맛이 돌고, 안토시아닌 등 항산화물질이 풍부하다. 최근 건강을 챙기는 사람들이 늘어나면서 무 대신 깍두기, 생채, 피클. 샐러드 등 다양하게 활용하고 있다.

재료 준비하기

콜라비 5kg, 토판염 100g
쪽파 70g, 갓 70g, 미나리 70g

양념

고춧가루 100g
고운 고춧가루 30g, 배 300g
찹쌀죽 150g, 다시마물 150ml
건고추 70g, 마늘 150g
생강 30g, 새우젓 200g
생새우 200g

담그기

1 콜라비는 깨끗이 씻어 껍질을 벗겨내고 납작납작하게 썰어서 소금을 뿌려 1시간 정도 절인다.
2 쪽파, 갓, 미나리는 깨끗이 손질하여 4cm 길이로 썬다.
3 배는 껍질을 벗기고 적당한 크기로 썰어 고춧가루를 제외한 양념 재료와 함께 믹서에 갈아준다.
4 콜라비는 건져 물기를 뺀 후 고운 고춧가루에 버무려 고춧물을 들인다.
5 3의 믹서에 갈아 둔 양념에 고춧가루를 넣고 버무려 양념장을 만든다.
6 콜라비와 2의 재료를 양념장에 넣고 골고루 버무린다.
7 통에 버무린 콜라비 섞박지를 담고 익힌다.

Kimchi Food Recipe

Part 11 김치요리 Best 10

Part 11 김치요리 Best 10

김치김밥

김치김밥은 김치가 주인공이다. 배추김치, 총각김치, 갓김치, 오이소박이 등 다양한 김치를 속 재료로 활용하면 다른 여러 재료가 없이도 맛있다.

재료 준비하기

흰밥 4공기(850g)
밥양념(토판염 7g + 참기름 30ml)
김밥용 김 4장

속재료
다진 소고기 120g, 달걀 3개
오이소박이 100g, 배추김치 60g
총각김치 100g, 갓김치 100g
토판염 약간, 참기름 약간

고기 밑간
간장 15ml, 다진 마늘 7g
참기름 7ml, 설탕 7g, 후추 약간

준비하기

1 고슬고슬하게 밥을 지어 소금과 참기름을 넣고 잘 섞어 식힌다.
2 다진 소고기는 밑간해 재웠다가 팬을 달군 다음 식용유를 두르고 고기를 볶아준다.
3 달걀은 소금을 넣고 풀어 도톰하게 부친 다음 김 길이로 썰어 놓는다.
4 오이소박이와 배추김치, 갓김치, 총각김치는 양념을 털어내고 물에 한번 헹궈 물기를 제거한다.
5 배추김치와 갓김치는 김 길이로 자르고, 오이김치와 총각김치는 길게 4등분한다.

만들기

1 김을 펼쳐놓고 조미한 밥 170g 분량을 김 중앙에 올린 다음 김 윗부분의 조금 남기고 밥을 넓게 펴준다.
2 밥 한가운데 볶은 소고기·김치·달걀을 나란히 놓는다.
3 김 안쪽부터 말면서 꼭꼭 눌러 둥글게 말아 놓는다.
4 칼에 참기름을 바르고 1.2cm 두께로 썰어 낸다.

김치만두

추운 겨울이면 잘 숙성된 김장 김치를 넣고 빚은 만두가 별미다. 특히 평안도나 황해도, 강원도는 설날에 떡국보다 만둣국을 해 먹는 경우가 많다.

재료 준비하기

김장김치 2kg
다진 돼지고기 목살 800g
무 500g, 숙주 500g, 당면 100g
단단한 두부 700g, 양파 100g
대파 50g

부재료

달걀 1개, 다진 마늘 20g, 토판염 15g
참기름 45ml, 고춧가루 45g

고기 밑간

생강즙 30ml, 집간장 45ml
다진 마늘 30g, 참기름 45ml
후춧가루 약간

만들기

1. 무는 채 썰어 데치고, 숙주도 데쳐 놓는다. 당면은 물에 불린다.
2. 다진 돼지고기는 밑 간하고, 잘 익은 김치도 잘게 썰어 김칫국물을 짠다.
3. 물에 불린 당면, 대파, 양파를 잘게 다진다.
4. 데친 무와 숙주, 두부는 면 보에 짜서 수분을 제거한다.
5. 2, 3, 4를 합치고 다진 마늘, 참기름, 고춧가루, 계란을 넣고 버무려 소금으로 간한다.
6. 만두피에 만두소를 넣고 빚는다.
7. 찜통에 김을 올려 만두를 넣고 15분간 찐다.

김치쌈밥

쌈밥은 시시각각 달라지는 푸성귀의 싱싱한 맛을 그대로 손안에 펼쳐 밥과 양념장을 얹어 싸서 먹는 음식이다. 김치 쌈밥은 넓은 김치 잎에 밥과 다양한 재료를 넣고 복주머니처럼 싸서 복쌈으로 즐기도록 했다.

재료 준비하기

찹쌀 400g, 은행 20개, 연근 50g
익은 김치 잎(묵은지) 20장
갓김치 잎 20장, 미나리 줄기 40개

양념

토판염 7g, 참기름 15ml, 통깨 10g

만들기

1 찹쌀을 2시간 불려 김이 오른 찜 솥에 넣고 20분 찐 후, 뜨거운 물 400ml에 토판염을 풀어 찰밥에 뿌려준 후 10분간 뜸을 들인다.

2 팬에 기름을 두르고 은행을 볶아 껍질을 벗긴다.

3 연근은 껍질을 벗긴 후 식초 물에 담갔다가 끓는 물에 살짝 데쳐 찰밥을 뜸 들일 때 은행과 함께 넣고 찐다.

4 찰밥은 한소끔 식혀 참기름과 통깨로 양념을 한다.

5 묵은지와 갓김치는 찬물에 한 번 헹궈 꼭 짠다.

6 미나리는 이파리를 제거하고 줄기만 끓는 물에 소금을 넣고 데쳐 찬물에 헹궈 준비한다.

7 김치 잎에 찰밥 35g과 은행, 연근을 올려 복주머니처럼 만들어 미나리 끈으로 마무리한다.

꽁치김치찌개

재료 준비하기

신김치 500g, 꽁치통조림 1개(400g)

양념

양파 100g, 고춧가루 10g
다진 마늘 15g, 대파 30g
청양고추 2개, 홍고추 1개

육수

멸치육수 600ml, 김칫국물 200ml

만들기

1. 김치는 잘 익은 것으로 준비하여 소를 털어내고 2cm 길이로 썰어 놓는다.
2. 멸치육수에 김칫국물 1컵을 걸러 섞어 놓는다.
3. 양파는 채 썰고, 대파와 청·홍고추는 어슷썰기 해 놓는다.
4. 냄비에 들기름을 두르고 썰어 놓는 김치를 볶다가 2의 육수를 붓고 20분 정도 끓인다.
5. 꽁치 통조림에서 꽁치를 건져 4에 넣고 양파, 다진 마늘, 고춧가루를 넣고 10분 정도 더 끓인다.
6. 대파와 청·홍고추 고명을 올려주고 한소끔 끓인 후 불을 끈다.

닭가슴살총각김치볶음밥

재료 준비하기

밥 1공기, 총각김치 100g
닭가슴살 100g, 양파 50g
당근 20g, 애호박 50g, 파 30g

닭 밑간

간장 8ml, 다진 마늘 5g
참기름 8ml, 후추 약간

양념

토판염 7g, 참기름 15ml
통깨 약간

만들기

1 밥은 찬밥으로 1공기 준비한다.
2 닭가슴살은 1.5cm×1.5cm 크기로 썰어 밑간을 해둔다.
3 잘 익은 총각김치를 닭고기와 같은 크기로 썰어 놓는다.
4 대파와 양파, 당근, 애호박을 송송 다진다.
5 팬에 식용유를 두르고 대파로 파기름을 낸다.
6 밑간한 닭고기를 볶다가 총각김치와 양파를 넣어 볶고, 당근과 애호박을 넣어 볶는다.
7 채소가 투명하게 익으면 찬밥을 넣고 볶다가 토판염과 간장으로 간을 하고 참기름, 통깨를 넣고 마무리한다.

Part 11 김치요리 Best 10

등갈비김치찜

묵은지와 돼지고기는 부위마다 다양한 요리로 활용할 수 있다. 그중에서도 육즙이 진하고 부드러운 등갈비는 묵은지와 함께 찜을 하면 깊은 맛은 물론 밥 한 그릇은 금방 뚝딱하게 만든다.

재료 준비하기

돼지등갈비 1kg, 묵은지 1kg
무 500g, 양파 200g, 대파 50g
홍고추 10g, 청고추 10g
식용유 20ml

등갈비 밑간

고추장 30g, 된장 15g, 간장 15ml
올리고당 30ml, 다진 마늘 30g
생강즙 10ml, 고춧가루 20g
맛술 10ml, 들기름 20ml
참기름 20ml

육수

생수 2L, 멸치 30g, 다시마 20g
마른 홍고추 10g, 대파 50g
양파 100g, 생강 10g, 통후추 5g

만들기

1 등갈비는 찬물에 1시간 정도 담가 핏물을 빼고 체에 밭쳐 물기를 뺀다.

2 양념 재료를 한데 섞어 양념장을 만들어 등갈비를 넣고 밑간한다.

3 냄비에 육수 재료를 모두 넣어 20여 분간 끓인 후 국물만 밭쳐 육수를 만들어 놓는다.

4 묵은지는 양념을 털어내어 머리 부분에 칼집을 3~4곳 넣어주고, 무는 1cm 두께에 가로세로 5cm 크기로 넓적하게 썬다.

5 양파는 채 썰고 대파와 홍고추, 청고추는 어슷썬다.

6 냄비 바닥에 무를 깔고 묵은지를 올려 식용유와 육수 1L를 넣고, 20여 분간 끓인다.

7 밑간해 둔 등갈비를 6에 넣고 채 썬 양파를 위에 얹어 20여 분간 끓인 다음 대파, 홍고추, 청고추를 넣고 국물이 잦아들 때까지 뜸을 들인다.

8 상에 낼 때는 묵은지 한 줄기를 넓게 펴서 등갈비를 하나 넣고 돌돌 말아내면 보기도 먹기도 좋다.

Part 11 김치요리 Best 10

묵은지닭볶음탕

오랜 시간 잘 숙성된 묵은지는 닭볶음탕과도 찰떡궁합.
묵은지 한 포기를 통으로 넣으면 보기에도 먹음직스럽다.

재료 준비하기

닭 1kg, 묵은지 1kg, 무 200g
양파 200g, 대파 1대, 홍고추 1개
청고추 2개, 식용유 20ml

닭 밑간

고추장 30g, 된장 15g, 간장 15ml
올리고당 30ml, 다진 마늘 30g
생강즙 10ml, 고춧가루 20g
맛술 10ml, 들기름 20ml
참기름 20ml

육수

생수 2L, 멸치 30g, 다시마 20g
마른 홍고추 2개, 대파 50g
양파 100g, 생강 10g, 통후추 5g

만들기

1 닭은 흐르는 물에 깨끗하게 세척 후 체에 밭쳐 물기를 빼준다.

2 양념 재료를 한데 섞어 양념장을 만들고, 닭을 넣어 밑간을 해둔다.

3 냄비에 물 2L와 육수 재료를 모두 넣고 20여 분간 끓여 국물만 밭쳐 놓는다.

4 묵은지는 양념을 털어내어 머리 부분에 칼집을 3~4회 내주고, 무는 1cm 두께에 가로세로 5cm 크기로 넓적하게 썰어 둔다.

5 냄비 바닥에 무를 깔고 묵은지를 넣고 식용유와 육수를 넣어 20여 분간 끓인다.

6 5에 밑간해 둔 닭고기를 넣고 채 썬 양파를 위에 얹어 20여 분간 끓인 다음 어슷하게 썬 대파, 홍고추, 풋고추를 넣고 국물이 잦아들 때까지 뜸을 들인다.

녹두빈대떡

재료 준비하기

녹두 300g, 찹쌀가루 30g
돼지고기 목살 150g
배추김치 300g, 숙주 120g
대파 50g, 돼지비계

고기 밑간

간장 15ml, 다진 마늘 15g
참기름 15ml, 후추 약간

만들기

1. 녹두는 물에 5~6시간 불린 후 녹두 껍질을 제거하고 물 1컵을 붓고 곱게 간다.
2. 돼지고기는 목살 다짐육으로 준비하여 밑간을 해둔다.
3. 김치도 잘게 다져서 참기름을 넣고 무쳐 놓는다.
4. 숙주는 거두절미하고 깨끗이 씻어 놓는다.
5. 볼에 준비해 놓은 1, 2, 3, 4의 재료를 모두 넣고 찹쌀가루를 넣어 반죽을 한다.
6. 팬을 달궈 돼지비계로 기름을 내고 한 국자씩 떠 골고루 펴서 앞뒤로 노릇노릇하게 부친다.

묵은지들기름지짐

재료 준비하기

묵은지 1kg

육수

쌀뜨물 1.2L, 멸치 10g
다시마 10g, 건고추 2개, 대파 50g
생강 10g

양념

식용유 30ml, 들기름 60ml
다진 마늘 15g, 표고버섯가루 10g
설탕 10g, 깨소금 약간

만들기

1 묵은지는 깨끗이 씻어 물기를 꼭 짜서 반으로 잘라 놓는다.

2 냄비에 쌀뜨물과 육수 재료를 넣고 20분 정도 끓여 체에 밭쳐 놓는다.

3 팬을 달군 다음 식용유와 들기름 45g을 두르고 묵은지를 볶다가 나머지 양념을 넣고 고루 볶은 후 육수를 붓고 끓인다.

4 국물이 자작할 때까지 은근한 불에 졸여, 묵은지가 푹 익으면 들기름 15g을 두르고 깨소금을 뿌려낸다.

오색소면

무더운 여름철에는 동치미나 싱건지에 오이나 배 채를 곁들여 얼음을 띄우고 국수나 냉면을 말아 먹으면 시원하다. 국수는 오방색 국수로 색색의 아름다움을 더했다.

재료 준비하기

거창한국수 오방색국수 260g(2인분)
콜라비싱건지

콜라비싱건지 재료

콜라비 2kg, 토판염 75g
생수 400ml, 쪽파

국물

배 300g, 사과 200g, 마늘 50g
생강 10g, 찹쌀죽 200g, 생수 3L

만들기

1 면 100g당 물 1L 기준으로 끓는 물을 준비한다.
2 오방색국수를 넣고 약 4분간 삶는다. 중간에 물이 끓어오르면 찬물을 한 컵 정도 부어 끓이면 면의 식감이 한층 살아난다.
3 잘 삶은 면을 건져낸 뒤 찬물에 여러 번 헹궈 전분기를 제거한 후 체에 밭쳐 물기를 꼭 짠다.
5 오방색국수와 차가운 콜라비싱건지를 따로 담아낸다.

콜라비싱건지 만들기

1 콜라비는 껍질을 벗겨내고 3×4cm 크기로 모서리를 제거해 나박나박 썬다.
2 생수에 소금을 풀어 콜라비와 쪽파를 함께 1시간 절인다.
3 절인 콜라비는 건져 김치통에 옮겨 담고, 쪽파도 타래 지어 같이 담는다.
4 믹서기에 배는 껍질 벗겨 썰고 마늘, 생강, 사과를 적당히 썰어 찹쌀죽, 콜라비 절인물을 넣고 곱게 간다.
5 생수 3L에 4를 섞어 베 보자기로 국물만 짜서 3에 붓는다.
6 실온에서 하루 숙성 후 냉장보관해서 20일 숙성시킨다.

Kimchi
+
Food

김치와 어울리는 꿀조합 음식

김치는 발효식품의 특성인 감칠맛과
매콤한 맛이 조화를 이뤄
다양한 음식과 잘 어울린다.
다양한 김치와 어울리는 음식
BEST 12를 꼽아봤다.

김장김치+
수육

볶음김치+
두부

대파김치+
삼겹살

총각김치+
볶음밥

파김치 +
라면

열무김치 +
보리밥

섞박지 +
설렁탕

배추김치 +
흰쌀밥

갓김치 +
눌은밥

깍두기 +
카레라이스

배추겉절이 +
칼국수

물김치 +
쑥인절미

스페셜 Ⅱ

김장 이야기

어릴 적부터 수없이 담갔던 김치맛을 못잊어 경기도 덕소에 땅을 마련했다. 1,500평의 너른 마당에는 누가 좋은 옹기를 내놨다는 소리만 들리면 어디든 찾아가서 실어 나른 옹기가 1,000여 개는 된다. 햇볕 잘 드는 곳에 장독대를 만들어 장도 담그고 김치도 담근다. 장맛은 좋은 물과 맑은 공기, 넉넉한 햇볕이 도와야만 제대로 된 장맛을 낼 수 있는데, 덕소는 서울에 비해 평균 기온이 3~4℃는 낮아 장담그기도 김치담그기도 여간 좋은 게 아니다.

햇살이 더없이 좋던 날, 제자들과 김장을 했다. 2013년 유네스코 인류무형문화유산으로 지정된 김장 문화가 실제 우리나라에서는 서서히 사라지고 있다는 아쉬움이 들어 김치를 연구하고 공부하는 제자들과 함께 기록으로 남겨보자는 취지로 팔을 걷어 붙였다.
요즘은 식구 수가 적어 김장을 하더라도 5포기 이상 하는 집이 별로 없고, 사서 먹는 가구가 점점 늘고 있다. 그러나 과거에 김장은 집집이 50~100포기 정도는 족히 담갔다. 겨울철에 신선한 채소를 구하기가 어렵기 때문에 초겨울에 김치를 많이 담가서 봄에 새 배추가 나기 전까지 저장하며 먹는 풍습에서 비롯됐다.

함께 품앗이하며 나눔과 결속을 통해 공동체 중심의 가치를 실현하는 '김장 문화'를 재현한다는 의미로 100포기나 되는 배추를 갈라 소금에 하룻밤 절인 후 마당 수돗가에서 깨끗이 씻고, 재료들을 손질해 양념을 만들어 함께 버무렸다. 여럿이 함께 하니 마치 소녀 시절로 돌아간 듯 깔깔 웃으며 힘든 줄도 모르게 뚝딱 마쳤다.
커다란 항아리에 김장 김치가 차곡차곡 쌓이는 것을 보니 1년 농사를 지은 듯 든든하다. 함께 김치를 담근 제자들에게도 한 통씩 담아 줬다. 이것이 바로 김장 문화의 '함께, 나누는 정신'이다.

김장하는 날, 식구들이 기다리는 최고의 시간은 슴슴하게 절인 노란 배춧잎에 갓 버무린 김칫소와 싱싱한 굴을 곁들인 돼지고기 수육이다. 김장 김치를 버무리는 동안 마당 한 켠 무쇠솥에 장작불을 때 삶은 수육은 말 그대로 꿀맛이다. 막걸리 한잔 가득 담아 잔을 부딪치며 하루의 피로를 날려 보냈다. 또 이렇게 추억의 한페이지를 써내려간다.

나의 소울푸드

폭염이 기승을 부리는 여름이면 고구마줄기김치가 생각난다. 내 고향 웅포는 인근에 황토밭이 많아 고구마를 많이 키웠다. 김칫거리가 마땅치 않았던 여름철, 고구마 줄기는 김치도 담가 먹고 삶거나 볶아서 반찬으로도 먹는 아주 요긴한 식재료였다. 고구마가 크고 굵게 잘 자라려면 고구마 줄기를 잘라줘야 해 어느 밭이든 고구마 줄기 인심이 후했다. 당시는 TV도 없을 때라서 매일 밤 평상에 둘러앉아 고구마 줄기 껍질을 까며 수다를 떠는 것이 놀이이자 일이었다. 고구마 줄기를 벗기고 나면 손톱 밑이 까맣게 물들어 있어, 며칠이 지나야 지워지곤 했다. 우리 엄마는 고구마 줄기를 데치지 않고 소금에 절여서 김치를 담갔다. 지금도 여름철이면 엄마의 고구마줄기김치와 그때의 풍경이 떠오르곤 한다.

고구마줄기김치

재료

고구마 줄기 3.5kg
소금물(물 600ml + 소금 75g)
쪽파 100g, 부추 100g

양념

보리죽 200g, 생강 40g
마늘 200g, 건고추 100g
청양고추 10g, 멸치 가루 8g
황석어젓 200ml, 새우젓 100g
고춧가루 100g

담그기

1 분량의 소금물을 고구마 줄기에 뿌려 살짝 절인 후 껍질을 벗겨 찬물에 한 번 헹궈 소쿠리에 건져 놓는다.
2 쪽파와 부추는 4cm 길이로 썬다.
3 고춧가루를 제외한 분량의 양념을 모두 믹서기에 넣고 갈아준다.
4 갈은 양념에 고춧가루, 쪽파를 넣고 섞어 양념장을 만든다.
5 준비된 양념장에 고구마 줄기를 넣어 버무린 다음 부추를 넣고 마무리한다.
6 담그자마자 생으로 먹어도 맛있고 익혀 먹어도 색다른 맛이 난다.

만두 이야기

내가 만든 김치만두는 고달팠던 나의 젊음과 성공이 함께 투영돼 있다. 연년생 아이들이 막 세 살, 두 살이 되었을 무렵 남편을 제대로 뒷바라지 해 보리라는 생각으로 당시 전세금 600만원을 빼 남편을 호주로 유학 보냈다. 이후 혼자서 아이들을 키우며 만두 장사를 시작했다. 직접 담근 김치에 질 좋은 돼지 목살을 다져 넣고 밤새 빚은 만두를 아침에 리어카에 싣고 나갔다. 하루 세 시간을 자면서 만든 이 '길거리 만두'는 사람들의 입소문을 타고 순식간에 인기를 끌어 금세 손님들이 줄을 늘어서고, 빠르게 동이나곤 했다.

재료비와 세 식구 생활비를 제하고도 꽤 많은 돈을 벌게 되면서 '재료가 좋으면 손님들이 알아서 줄을 선다'는 것을 터득하게 되었다. 이것이 계기가 돼 본격적으로 외식업에 뛰어들었고 '봉우리' 한정식과 김치 사업으로까지 발전했다. 김치 공부를 하는 제자들과 함께 만두를 빚었다. 역시 혼자보다는 함께여서 더욱 행복하다.

265

김치의 감칠맛을 좌우하는 식재료인 소금을 찾아 제자들과 특별한 여행을 떠났다. 전남 신안군 증도에 있는 태평염전이다.

한여름 뙤약볕이 가득한 드넓은 소금밭에 핀 하얀 소금을 대파(염전에서 쓰는 밀대)로 써래질해 한 곳에 쌓으니 찰랑이는 수면 위로 구름이 내려앉았다. 염전에 물 대는 물레방아를 힘껏 밟아대는 소금 장인의 얼굴에 땀방울이 뚝뚝 번질 즈음, 고된 소금밭 일을 날려버리려는 듯 노동요를 대신한 '진도아리랑'이 울려 퍼지자 우리 일행의 흥도 폭발했다. 흥은 잠시 더위를 피할 겸 찾은 원두막으로도 옮겨 와 소리 잘하는 이영숙 씨의 선창으로 얼쑤 어깨춤을 추며 짧은 추억을 또 쌓았다.

세계 3대 갯벌이자 전국 단일 염전으로는 최대 규모(462만㎡)를 자랑하는 태평염전은 청정 무공해 지역에서 청정해수로 깨끗하고 건강한, 미네랄이 풍부한 천일염을 생산하고 있다. 태평염전은 2007년에 대한민국 국가등록문화재 제360호로 지정됐고, 1953년에 완성된 석조 소금창고는 등록문화재 제361호로 지정됐다.

♣ 태평염전 smartstore.naver.com/taepyungsalt

소금 이야기

젓갈 이야기

지방마다 김치의 맛이 다른 것은 김치에 들어가는 젓갈과 재료들이 지방에 따라 다르기 때문이다. 김치에 사용되는 식재료를 찾아 전국을 다니던 중 발견한 곳이 경상남도 고성에 있는 작은 바닷가 마을 ㈜두도의 멸치액젓이다. 두도는 청정해역과 바닷바람, 그리고 인내의 시간이 만들어 내는 최상위 1%의 명품 액젓을 생산하고 있다. 갓 잡은 멸치와 천일염 그리고 오직 자연과 시간, 정성을 더해 물 한 방울 타지 않은 100% 순수 프리미엄 액젓만을 생산하는 곳이다. 공장에 들어서면 두도섬과 바다를 배경으로 수백 개의 젓갈 항아리가 펼쳐져 장관을 이루고, 젓갈 익는 냄새가 몽글몽글 새어 나와 구수한 향기가 맛있게 흘러넘친다.

어간장은 정제한 멸치액젓을 달여 만든다. 어간장은 간장 대용의 천연 조미료로 국이나 찌개는 물론 나물무침이나 구이, 소스 등 다양한 요리에 두루 활용할 수 있다.

♣ 두도액젓 www.doodosf.co.kr

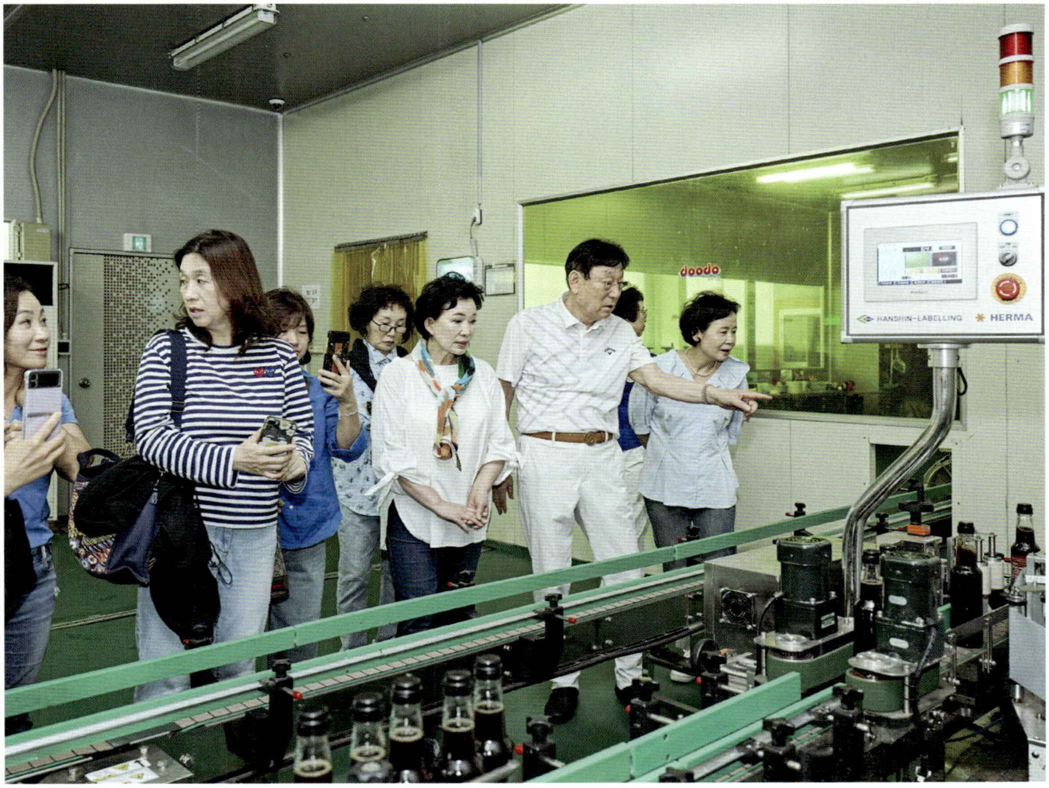
doodo
HANSHIN-LABELLING
HERMA

Goodville

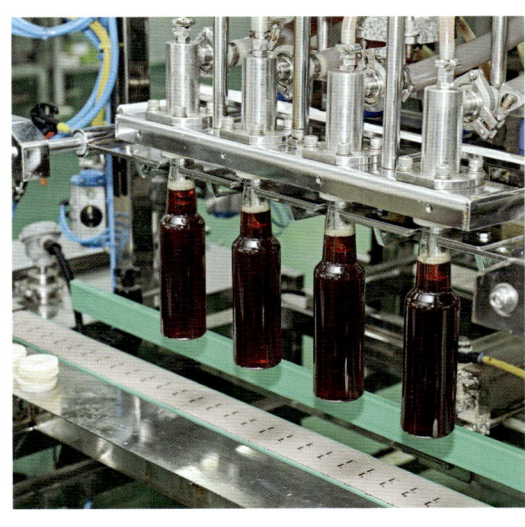

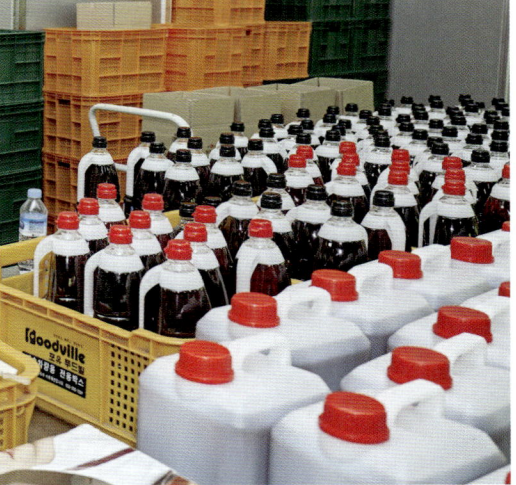

고추 이야기

한식에 있어서 빼놓을 수 없는 식재료 고추. 우리나라에 고추가 들어오면서 김치에 혁신적인 변화가 일어났다. 고추가 들어오기 전에는 간장, 소금 등으로 간을 맞춘 절임류 형태의 김치가 주를 이뤘다면 고추가 들어오면서 현재의 김치 모습을 보이기 시작했다.

내가 주로 쓰는 고추는 'K-매운맛의 원조'를 자처하는 경북 영양군에서 생산한 고추다. 영양군은 여름철의 기후가 서늘한 중간산지, 산간지로 각종 과일은 물론 고추 생육에 최적지다. 영양고추는 색깔이 곱고 선명할 뿐만 아니라 과피가 두껍고 표면이 매끈해 고춧가루가 많고, 고추씨가 적다. 또 매운맛은 적당하고 당도가 높으며 맛과 향이 뛰어나다. 영양군은 매년 서울광장에서 영양고추 핫 페스티벌을 펼치며 시민들에게 농가의 제품들을 홍보하고 있다. 2025년에는 '영양 듬뿍 담아 왔니더'라는 주제로 페스티벌을 펼쳤다.

영양군은 지역 농가에서 재배되는 고추 중 우수한 상품을 선별해 위생적인 최신 공법으로 고춧가루의 성분(순한맛·보통맛·매운맛)과 입자 크기(김치용·양념용·장류용)에 따른 다양한 규격으로 생산해 '빛깔찬' 브랜드로 명품 고추를 온라인 판매하고 있다.

♣ 영양농특산물직판장 쇼핑몰 www.esangol.com

Chapter 4

부록

김치의 개념
김치의 어원
김치의 역사
김치의 특징
제조 방법별 김치의 종류
지역별 김치
계절별 김치
궁중김치
사찰김치

김치 책을 내면서 여기저기 흩어져 있는 김치 관련 각종 자료 가운데 신뢰할 수 있는 기관의 사이트에서 자료를 모아 김치를 배우고 공부하는 사람들이 이 한 권의 책을 통해 여러 정보를 손쉽게 볼 수 있도록 정리했다.
이 자료는 한국민족문화대백과사전(encykorea.aks.ac.kr) 사이트에서 김치의 개념과 어원, 역사 등을 발췌했다. 또 김치박물관(www.kimchimuseum.com) 사이트에서 역사·시대별 김치, 제조방법별 김치, 형태별 김치, 계절별 김치, 지역별 김치, 궁중김치, 사찰김치 등 김치의 종류에 대해 발췌했으며, 세계김치연구소(www.kimchi.re.kr)에서 제공해 준 역사김치 및 명품김치는 레시피로 실었다.

김치의 개념

김치는 무, 배추, 오이 등의 여러 채소를 소금에 절이고 양념을 버무려 발효시킨 식품이다. 비타민과 무기질의 보고인 채소는 원 상태로 저장하기 어렵다. 그래서 채소를 소금에 절이거나 장, 초, 향신료 등과 섞어서 새로운 맛과 향기를 생성시키면서 저장하는 방법을 개발하게 되었는데 이렇게 개발된 우리 고유의 식품이 바로 김치이다.

김치의 이름은 원래 '지(漬)', '저(菹)'라고 하다가 조선 초기에 딤채라고 부르던 것에서 유래했다. 조선시대 중엽, 고추가 수입되면서 김치에 일대 혁명이 일어났고, 19세기에 들어서 오늘날과 같은 김치가 완성되었다.

김치의 어원

우리나라에서는 김치를 '지(漬)'라고 하였다. 이규보(李奎報)의 《동국이상국집(東國李相國集)》에서는 김치담그기를 '염지(鹽漬)'라 하였는데, 이것은 '지'가 물에 담근다는 뜻에서 유래된 것으로 보인다. 고려 말기에는 유교가 도입되어 복고주의로 흘러 중국에서도 6세기 이후에는 거의 사용하지 않는 '저(菹)'라는 명칭이 쓰였다. 즉 본래 지라고 부르던 것이 유교의 복고주의에 따라 고려말부터 저라 부르게 된 것이다. 조선 초기에는 '딤채'라는 말이 보이는데, 1518년(중종 13)의 《벽온방(辟瘟方)》에는 "무딤채국을 집안사람이 다 먹어라"라는 말이 나오며, 1525년의 《훈몽자회(訓蒙字會)》에서는 저를 '딤채조'라 하였다.

즉 우리 겨레는 소금에 절인 채소에 소금물을 붓거나 소금을 뿌림으로써 독자적으로 국물이 많은 김치를 만들어 낸 것이다. 이것은 숙성되면서 채소 속의 수분이 빠져나오고 채소 자체는 채소 국물에 침지(沈漬)된다. 또 국물이 많은 동치미같은 것에서는 채소가 국물 속에 침전되고 만다. 여기서 우리네 고유의 명칭인 침채가 생겨난 것이다. 국어학자 박갑수(朴甲秀)는 침채가 팀채가 되고 이것이 딤채로 변하고 딤채는 구개음화하여 김채가 되었으며, 다시 구개음화의 역현상이 일어나서 오늘날의 김치가 된 것이라고 풀이하였다.

김치의 역사

김치와 관련하여 《시경》에 "밭두둑에 외가 열었다. 외를 깎아 저(菹)를 담그자"는 구절이 최초의 기록으로 언급되는 경향이 있었는데, 최근 연구에 따르면, '저'는 김치의 직접적인 기원이 아니라 '원시형 채소절임'에 해당한다. 이와 관련하여 《여씨춘추(呂氏春秋)》에도 공자가 콧등을 찌푸려 가면서 저를 먹었다는 기록이 있고, 《석명(釋名)》에도 저에 관한 설명이 있다. 《석명》에 의하면 "채소를 소금에 절여 발효시키면 젖산이 생성되고 이 젖산이 소금과 더불어 채소가 짓무르는 것을 막아 준다"고 하였다. 이로써 저는 채소를 젖산 발효시켜서 저장하도록 하는 것을 알 수 있다.

한나라 때의 《주례(周禮)》에도 순무·순채·아욱·미나리·죽순 등 일곱 가지 저를 만들고 관리하는 관청에 관한 기록이 있다. 그러나 이러한 저가 우리나라에 들어왔음을 증명하는 문헌상의 자료는 아직 보이지 않고 있다.

비록 우리나라에는 삼국시대의 식품에 관한 서적이 하나도 남아 있지 않으나, 우리 문화의 절대적인 영향을 받은 일본 문헌을 통하여 그 시대의 식생활을 짐작해 볼 수 있다. 일본의 《쇼쇼원문서(正倉院文書)》나 《연희식(延喜食)》 같은 문헌에 의하면 소금·술지게미·장·초·느릅나무 껍질에 절인 김치가 있음을 알 수 있다.

또 수수보리지란 김치도 기록되어 있는데 이는 쌀가루와 소금에다 채소를 절인 것이다. 이와 같이 쌀가루로 담그는 김치는 500년경의 중국 식품서인 《제민요술(齊民要術)》에도 나와 있다. 《제민요술》에는 이 밖에도 많은 종류의 김치가 설명되고 있다. 일본은 기후가 따뜻하고 습하기 때문에 쌀가루를 쓰는 김치가 쉽게 산패하므로 쌀가루를 쌀겨로 바꾸게 되어 일본의 대표적인 김치인 단무지가 형성되었다는 설이 있다. 따라서 단무지의 원조는 수수보리지라 하겠는데 다른 김치들과 달리 수수보리라는 고유명사를 붙인 것이 주목된다.

일본의 옛 사서인 《고사기(古事記)》에 의하면 오진왕(應仁王) 때 백제 사람 수수보리가 건너와서 누룩으로 술을 빚는 방법을 가르쳤다는 기록이 있다. 이로써 수수보리지는 중국에서 백제로 전해져 다시 일본으로 건너간 것이다. 따라서 백제에는 수수보리지뿐만 아니라 《제민요술》의 여러 김치가 식용되었음을 추측할 수 있다. 이것은 백제에서뿐 아니라 삼국 모두가 같은 상황이었을 것이다.

고려 중엽에 이규보가 지은 「가포육영」이라는 시 속에 순무를 재료로 한 김치가 우리 문헌상 최초로 등장한다. "무장아찌 여름철에 먹기 좋고, 소금에 절인 순무 겨울 내내 반찬되네." 이로써 고려시대의 김치로는 무장아찌와 무 소금절이가 있었음을 알 수 있다. 고려 후기 이달충(李達衷)은 「산촌잡영(山村雜詠)」이라는 시에서 여뀌(마디풀과에 속하는 일년생 초본 식물)에다 마름(일년생 초본 식물)을 섞어서 소금절이를 하였다는 구절이 보이는 것으로 미루어 야생초로도 김치를 담갔던 것 같다.

고려 때의 문헌에 의한 기록은 이것뿐이지만 일본의 《쇼쇼원문서》나 《연희식》에는 채소에 조피나무 열매·여뀌·양하 등의 향신료를 섞은 김치가 보이고, 원나라 때의 식품서인 《거가필용(居家必用)》에는 채소에 마늘이나 생강같은 향신료를 섞은 김치가 있는 것으로 미루어 고려시대의 우리네 김치에도 채소와 향신료를 섞은 것이었다고 짐작된다.

조선시대 중엽에 들어와서 고추가 수입되면서 우리나라 김치에는 일대 혁명이 일어난다. 그러나 그 이전의 김치는 소금물에 담그거나 천초·회향 등 향신료를 이용하여 담갔다. 1670년(현종 11)경의 《음식디미방》에는 동아를 절여서 담그는 소금절이 김치나 산갓을 작은 단지에 넣고 따뜻한 물을 붓고 뜨거운 구들에 놓아 익히는 김치가 보인다. 이것은 무염침채(無鹽沈菜)처럼 채소 자체를 소금 없이 숙성시키는 것이다.

또 생치침채법(生雉沈菜法)이 설명되어 있는데, 이것은 간이 든 오이김치를 껍질을 벗겨 한치 길이만큼 가늘게 썰어 물에 우려두고, 꿩을 삶아 오이지와 같이 썰어, 따뜻한 물에 소금을 알맞게 넣어 나박김치와 같이 담가 삭혀서 먹는 것이다. 오늘날 우리나라의 김치는 식물성 식품과 동물성 식품을 아울러 이용하는 커다란 특색이 있는데, 1600년대 말엽에 비록 고추를 쓰지 않았어도 벌써 그 모습을 드러내고 있음을 알 수 있다.

이 책의 내용으로 미루어 김치의 재료로서는 동아·오이 등의 외무리가 많고 무도 쓰이고 있음을 알 수 있다. 또 《음식디미방》에는 '생치잔지히'·'생치지히' 등이 보이는데 이들은 오이지를 재료로 하여 꿩고기와 함께 간장기름에 볶은 것이다. 이로써 2차 재료로 쓰이는 소금절이 가공품도 역시 '지히(지)'라 부르고 있음을 알 수 있다.
1655년(효종 6)에 신속(申洬)이 엮은 《농가집성》에 '사시찬요초'라는 월령식농서가 들어 있는데, 여기에는 침과저(沈瓜菹)와 침즙저(沈汁菹)가 나온다. 침즙저는 가지·장·밀기울을 섞어 뜨거운 마분(馬糞)에 묻어 20일이 지난 뒤 먹는 것으로 오늘날의 즙장이다. 즙장에 가지가 들어가니 이것은 장아찌의 일종이 되기도 하겠는데 이것을 저로 보았다.

1600년대 말엽의 것이라고 추정되는 《요록(要錄)》이라는 문헌에는 11종류의 김치류가 기록되어 있다. 이들 김치류에도 고추를 재료로 쓰고 있는 것이 하나도 없고, 무·배추·동아·고사리·청태콩 등의 김치와 무를 소금물에 담근 동치미(冬沈)가 설명되어 있다. 또 무염침재라 하여 무에 맑은 물을 넣고 4일쯤 두어서 거품이 일면 즙을 버리고 다시 맑은 물을 넣어 만드는 것도 있다.

그러나 오이김치인 엄황과(淹黃瓜)에서는 향신료를 쓰고 있다. 즉 오이를 뜨거운 물에 데쳐내고 건조시켜 소금·당·천초·회향·식초를 넣어서 담갔다. 이로써 당시에 고추가 전래되었으나 아직 김치에 이용되지는 못하였고 향신료로 천초나 회향을 쓰고 있었음을 알 수 있다. 1715년(숙종 41)경의 《산림경제(山林經濟)》의 김치류를 보면, 고추가 들어온 지 100년이 지났는데도 오늘날과 같은 김치는 보이지 않고 소금에 절이고 식초에 담그거나 향신료와 섞어 만들고 있다. 이 책에서는 자(鮓)만들기 다섯을 설명하고 있다.

《석명》에서는 자가 저의 일종으로 소금과 쌀로써 물고기를 익혀서 먹는 것이라고 하였다. 즉 오늘날의 생선 식해이다. 《고사십이집》에서는 쌀·누룩·소금·기름 등을 써서 채소를 발효시켜 먹는 것도 자라고 하였다. 이를 《임원십육지》에서는 자채(鮓菜)라 하고 있다. 이 채소로 만드는 자는 백제의 수수보리지와 같은 것으로 조선시대에도 이어지고 있음을 알 수 있다. 요즘도 식해를 담글 때 무를 함께 섞는 일이 있다.

그러다가 50년이 지난 1766년(영조 42)에 나온 《증보산림경제(增補山林經濟)》에서는 김치에다 고추를 도입한 것이 보이고 있다. 침나복함저법(沈蘿葍醎菹法)을 보면 잎줄기가 달린 무에 청각채·호박·가지 등의 채소와 고추·천초·겨자 등의 향신료를 섞고 마늘즙을 듬뿍 넣어서 담그고 있다. 이것은 오늘날의 총각김치와 같은 것이다. 또 황과담저법(黃瓜淡菹法)은 오이의 3면에 칼자리를 넣고 속에 고춧가루·마늘을 넣어서 삭히고 있는데, 이것은 오늘날의 오이소박이이다. 그 밖에 동치미·배추김치 용인오이지·겨울가지김치·전복김치·굴김치 등 오늘날의 김치가 거의 등장하고 있다.

이러한 우리나라 김치는 중국에도 전해졌다. 1712년(숙종 38) 김창업(金昌業)의 《연행일기(燕行日記)》에 의하면 "우리나라에서 귀화한 노파가 그곳에서 김치를 만들어 생계를 유지하고 있는데 그녀가 만든 동치미의 맛은 서울의 것과 같다"는 것이다. 또한 1803년(순조 3)의 《계산기정(薊山紀程)》에 의하면 "통관(通官) 집의 김치는 우리나라의 김치 만드는 법을 모방하여 맛이 꽤 좋다"고 하였다. 《계산기정》의 김치가 어떤 종류의 것인지 잘 모르겠으나, 18세기에는 우리의 김치가 중국에 건너가서 인기를 얻고 있었던 것으로 추측된다.

또한 중국의 쓰촨포채(四川泡菜)는 포채 항아리에 8% 정도의 소금물을 6할 정도 되게 넣은 다음 여기에 소금물의 0.1% 정도의 천초, 3%의 고추, 3%의 술을 넣고, 따로 채소를 적당한 크기로 썰어서 20%의 소금물에 절였다가 꺼낸 것을 항아리에 담고 약 10일간 숙성시켜 만든다고 하는데, 우리나라의 동치미와 비슷하다. 쓰촨 지방은 우리나라와 멀리 떨어져 있지만 임진왜란 때 명나라 원군 중 쓰촨 출신의 사람이 매우 많았다고 하므로 우리의 동치미가 쓰촨에 전하여 졌다는 추측이 가능하기도 하다.

19세기에 접어들면서 우리나라의 조리·가공법은 1872년(고종 9)경의 《임원십육지》속에 집대성되었다. 《임원십육지》에서는 김치의 종류를 엄장채(醃藏菜)·자채(酢菜)·제채(虀菜)·저채(菹菜, 沈菜)의 넷으로 크게 분류하였다. 엄장채란 소금·술지게미·향신료 등에 채소를 섞어 넣어 겨울을 위하여 저장하는 것이고, 자채와 저채는 같은 종류이지만 자는 소금과 쌀로써 발효시킨 것이고 저는 젓갈·장·생강·마늘·식초 등의 짜고, 시고 매운 것과 잘 조화시킨 것이라고 정의하였다.

그리고 저채에 대한 설명에서는 "엄장채·자채·제채가 다 같이 저에 속하는 것이지만 우리나라에서 독특하게 개발된 종류의 저를 특히 저채라고 한다. 이들을 구태여 구별한다면 저채는 발효시킨 뒤 그대로 먹는 것이고, 엄장채는 물에 씻어서 2차 가공이나 조리 재료로 삼는 것이다"라고 하였다. 또 저채와 제채의 차이에 대해서는 "제는 잘게 썬 것이고, 저는 채소를 통째로 발효시킨 것이다"라고 하였다. 저채와 자채의 관계는 언급되어 있지 않으나 누룩이나 곡물을 쓰는 지의 여부로 구별된 것 같다. 그러나 우리나라 김치류의 주종은 저채(침채)이고 다른 것은 부수적인 존재가 되어 있고 나아가서는 저채로써 저 전체를 가리키게 되었다.

《임원십육지》에는 또 젓갈을 섞어주는 김치인 해저방(醢菹方), 곧 섞박지가 등장한다. 이것은 소금에 절인 잎줄기가 달린 무에 오이·배추 등의 다른 채소, 청각채와 같은 해초·고추·생강·천초·마늘·겨자 등의 향신료, 조기·젓갈·전복·소라·낙지 등의 해산물, 산미완화제(酸味緩和劑)가 되는 전복껍질 등을 함께 버무려 알맞은 소금 농도에서 젖산 발효시킨 것이다.

이로써 오늘날의 김치가 규모상으로는 거의 완성되었으며, 그 뒤는 과실·짐승고기·잣 등 기호에 따라 보충하는 정도의 발전이 있었고, 또 채소의 품질개량에 따른 재료의 변화가 있었을 뿐이다. 《규합총서(閨閤叢書)》에도 김치류의 제법을 여러 가지로 설명하고 있으나 《증보산림경제》나 《임원십육지》의 범위를 크게 벗어나지 못하고 있다.

근대 및 현대의 김치 변화의 주된 요인은 김치 재료의 품종개량과 젓갈 및 조리법의 일반화라고 할 수 있다. 지금처럼 속이 꽉 찬 결구형 배추가 우리 식탁에 등장하기 시작한 것은 불과 100년 정도밖에 되지 않은 것이다. 배추가 김치의 재료로 사용되기 시작한 이래 계속하여 배추의 품종개량이 이루어졌다고 할 수 있으나 1960년대까지도 서울배추, 개성배추라고 하는 반결구형의 배추를 사용하여 김치를 담그는 집이 많았었다.

반결구형 배추 중 서울배추는 조직이 단단하고 수분이 적고 저장성이 좋아 김장 김치용으로 많이 사용되었다. 아직도 드물지만 김치를 담글 때 서울배추만을 고집하는 사람이 있기도 하다. 김치 재료의 하나인 젓갈도 전에는 각 지역에서 잡히는 생선을 이용하여 각 가정에서 젓갈을 많이 담가서 김치에 넣었으나 요즈음 대도시에서는 집에서 젓갈을 담그는 일이 매우 드물게 되었고 공장에서 김치용 액젓이 생산되어 많은 가정에서 이용하고 있다.

김치 조리법의 변화에 큰 영향을 주게 된 것은 6·25 전쟁과 도로시설·교통수단의 발달, 매스컴의 영향을 꼽을 수 있다. 1950년 이전까지만 해도 사람들이 지역 사이를 왕래하는 일이 빈번하지 않아 각 지방의 고유한 김치가 비교적 잘 보존되고 있었다. 그러나 전쟁으로 인하여 많은 사람들이 피난을 가면서 지역을 이동하게 되었으며 그 지방에서 장기간 머물게 되면서 서로 다른 지방의 김치를 먹어보고, 김치 담그는 법을 배우게 되어 다양한 조리법을 접할 기회가 되었던 것이다.

또한 도로 시설이 좋아지고 교통수단이 발달하면서 전국이 일일생활권에 들게 되고 물자의 유통이 빨라진 데다 TV 등 매스컴의 영향으로 각 지역의 독특한 김치는 지역성을 잃은 대신 조리법이 일반화되고 있다. 1988년 서울올림픽 개최 이후 김치는 세계적인 음식으로 주목받게 되었다. 또한 2001년 7월 5일에는 국제식품규격위원회(Codex)에서 김치를 '국제식품'으로 공인을 하여 해외로 수출이 시작되었다. 최근에는 전 세계적으로 K-컬처의 인기에 힘입어 K-푸드가 각광 받으면서 김치는 한국을 대표하는 식품으로 자리매김한 가운데 지난 2021년에는 김치 수출액이 1억 5,900만 달러를 달성했으며, 오는 2027년까지 3억 달러 달성을 목표로 하고 있다.

한편 김치가 세계적인 음식으로 주목받으면서 2013년 12월 5일에는 우리의 '김장문화(Kimjang : Making and Sharing Kimchi in the Republic of Korea)'가 〈유네스코 인류무형문화유산 대표 목록 등재〉 확정됨으로써 우리 민족의 대표적 식문화인 '김장문화'가 품격 있는 '문화국가'로서의 한국의 이미지 제고에 기여했다.

배추김치 역사 300년 앞당겨졌다…"최초 기록 1450년 조리서에"

**『산가요록』속 백채는 머위 아닌 배추, 조선 전기 '배추 물김치' 첫 조리 기록
세계김치연구소 박채린 책임연구원 밝혀**

한국인의 '소울푸드' 배추김치의 역사가 기존에 알려진 것보다 약 300년 앞선 15세기 중엽으로 거슬러 올라간다는 학술 발표가 나왔다. 고려 때 중국에서 배추가 유입된 이래 일찌감치 김치 제조법을 통해 일상 식재료로 활용됐단 의미다.

세계김치연구소(과학기술정보통신부 산하 정부출연연구기관) 소속 박채린 책임연구원(한국학중앙연구원 민속학 박사)은 1450년경 간행된 조리서《산가요록》에 기록된 '백채(白菜) 물김치' 조리법이 현전하는 가장 오래된 배추김치 관련 기록임을 밝혀내고 관련 논문을 최근 서울대 규장각한국학연구원의 학술지《한국문화》110호에 게재했다. 조선 세종~세조 때 어의를 지낸 전순의가 집필한《산가요록》속 '백채'가 그간 머위로 오해됐지만 실제로는 배추라는 주장이다.

그간 학계에선 1766년《증보산림경제》(유중림 저술)에 기록된 '숭(菘, 배추)'을 이용한 침저법이 가장 오래된 배추김치 기록으로 알려져 왔다. 조선왕조실록 등을 보면 조선 전기에 한양 지역에서 배추가 재배된 정황이 있지만 김치 제조 기록은 없어 약용이나 의례용으로 쓰인 것으로 추정돼 왔다. 그러나 이는 1716년 홍만선이 저술한《산림경제》에서 '백채'를 '머휘(머위)'로 표기하면서 시작된 오해라는 게 이번 연구의 요지다.

박채린 박사는 "홍만선이 중국 농서를 인용하는 과정에서 백채를 머위로 풀이했고, 현대 학계에선 이를 근거로 조선 전기 조리서를 해석하다 보니 배추김치 기록이 없다는 식이었다"면서 "당대의 중국 및 조선 고문헌을 다각도로 분석한 결과《산가요록》속 백채가 배추라는 점이 사료적·조리학적·식물학적으로 입증됐다"고 말했다.

《산가요록》의 해당 구절은 이렇다. "깨끗이 씻은 백채(白菜) 한 동이에 소금 삼 홉을 뿌려 하룻밤 재운다. (절인 백채를) 다시 씻어내고 먼저처럼 소금을 뿌려 항아리에 담고 물을 붓는다." 이는《증보산림경제》속 침저법과 같은 조리법이다. 한반도에선 이미 무·오이 등을 물김치로 담가 먹은 식습관이 있었고 이것이 조선 전기에 배추와 만나면서 배추 물김치가 됐다는 설명이다. 결과적으로 배추김치 역사가 18세기 중엽에서 15세기 중엽으로 300년 앞당겨졌다.

출처 : 중앙일보 2025. 08. 12, 강혜란 문화선임기자

〈표〉 시대별 김치의 역사

시대	연도	문헌	김치종류	기록·이슈
삼국시대		삼국지위지동이전 三國志 魏地東夷傳		'저(菹 : 소금절임) 제조'라는 단어 등장
		정창원 고문서 正倉院 古文書		수수보리저(須須保里菹) : '김치무리'라는 용어 등장
		제민요술(齊民要術)		김치담그는 법 소개
통일신라		삼국사기 신문왕 (三國史記 神文王)		醯(혜) : '김치무리'라는 용어 등장
고려시대	983년	예지(禮志)	미나리김치, 죽순김치, 부추김치, 순무김치	우리나라에 기록상으로 처음 등장하는 김치 종류
	1236년	향양구급방 鄕藥救急方	순무장아찌, 순무절임	1236년 고려시대 고종 23년에 처음으로 배추에 관한 기록이 나옴. 이 시대에는 김치 재료로 순무가 주로 사용되었으며, 장으로 절인 순무 장아찌는 여름용으로, 소금에 절인 순무 절임은 겨울 및 봄, 가을용으로 담가졌다는 기록이 있음. 이것은 김치가 계절에 따라 먹는 조리가공식품으로 발전한 것이라 할 수 있음.
	1241년	동국이상국집 東國李相國集	순무장아찌, 순무 소금절임, 양념형 김치 등장	순무를 절이는 방법소개. "순무를 장에 담그면 여름철에 먹기 좋고, 소금에 절이면 겨울 내내 반찬된다"고 기록해 김장의 역사를 확인할 수 있음. 이 시기엔 오이·미나리·부추 갓·죽순 등 김치에 들어가는 채소가 다양해진 것은 물론 파·마늘·생강을 사용한 양념형 김치가 등장하기도 함.
	1385년	산촌잡영(山村雜泳)		소금절이 김치 소개
조선전기		태종왕조실록 王朝實錄		침장고(沈藏庫) 용어 등장
	1459년	산가요록 山家要錄	가지김치, 금방 먹는 김치, 나박김치, 동아김치, 동아잔김치, 동치미, 무염김치, 배추김치, 생강김치, 순무김치, 오이김치, 토란줄기김치, 파김치 등 38가지 김치	우리나라 최초의 조리서
	1525년	간이벽온방 簡易辟瘟方	박김치	
	1540년경	수운잡방 需雲雜方	순무김치, 가지김치, 오이김치, 꿩김치	'치저(雉菹)'라고 하는 꿩고기를 넣어 만든 물김치 기록.

시대	연도	문헌	김치종류	기록·이슈
조선중기	1611년	도문대작 屠門大嚼	죽순김치, 산갓김치	
	1614년	지봉유설 芝峯類說	부들김치	처음으로 '고추' 등장. 이제 겨우 재배되기 시작하였다고 함.
조선후기	1655년	사시찬요초 四時纂要抄	오이김치, 파김치, 물김치	8, 9월에 오이김치, 파김치, 물김치 등을 담그는 법이 수록. 계절별로 농가의 각종 행사를 차례로 기록. 채소류와 향신료(파, 마늘, 부추, 생강, 염교)와 일반채소(무청, 오이류, 가지, 미나리, 댓무우, 상추, 갓, 박, 창포 등)가 소개. 이 시대에 배추나 고추는 널리 재배되고 이용되지 않았음을 추측할 수 있음. '침채저(沈菜菹)' 기록.
	1670년	음식디미방 飮食知味方	꿩김치, 산갓김치, 생치김치, 나박김치, 생치짠지, 생치지젓-게젓, 약게젓, 청어 염해법, 방어 염장법	이현일(李玄逸)의 어머니인 안동장씨(安東張氏)가 쓴 조리서. 표지에는 한문으로 '규곤시의방(閨壼是議方)'으로 기록. 생치침채법(生雉沈菜法)이라고 해 꿩김치 만드는 법을 소개. 산갓김치, 생치김치, 나박김치, 생치짠지, 생치지 등 소개. 어느 서지들의 내용보다도 김치제조법 구체적으로 기록.
	1676년	색경(穡經)	깻잎김치, 나박김치, 무김치	농업전반을 수록한 농서. 아욱, 가지, 무를 김치재료로 기록하고 무김치가 널리 상용되고 있음.
	1680년	요록(要綠)		김치재료로 '과류(瓜類):오이류'가 많이 쓰이고, 또 김치용 향신료로는 천초나 생강이 많이 쓰임.
	1715년	산림경제 山林經濟	갓쌈김치	고추재배법 기록.
	1766년	증보산림경제 增補山林經濟	죽순식해, 창포식해, 가치통김치, 가지소박이, 배추김치, 오이소박이, 오이지, 동아김치, 오이숙김치, 연부리식해, 나박김치, 동김치, 총각김치, 무청김치, 산갓김치, 갓김치, 섞박지, 창포김치, 가지장아찌, 오이장아찌, 자총이장아찌, 오이마늘장아찌, 배추장아찌, 가지소박이장아찌	마늘, 파, 부추 양념으로 사용되었다는 내용.

	연도	문헌	김치 종류	비고
	1771년	고사신서 攷事新書	가지겨자 김치, 가지마늘김치, 가지술지게미김치, 가지집장김치, 굴김치, 데친죽순김치, 동아마늘김치, 배추김치, 부들김치, 부들순김치, 부추김치, 부추꽃김치, 산갓김치, 생강초절임, 연근절임, 오이마늘김치, 오이술지게미김치, 원추리꽃김치, 집장김치, 치자꽃김치	1771년(영조 47)조선후기의 문신·학자 서명응(徐命膺)이 사대부로부터 관리 및 일반선비들에 이르기까지 항상 기억해 두어야 할 사항을 기록한 책.
	1787년	고사십이집 攷事十二集	가지겨자김치, 가지마늘김치, 가지술지게미김치, 가지집장김치, 강절김치, 굴김치, 동아마늘김치, 부들김치, 부들순김치, 부추꽃김치, 산갓김치, 생생강초절임, 연근절임, 오이마늘김치, 오이술지게미김치, 죽순김치, 치자꽃김치	조선시대 후기 농학 가문의 문신인 서명응(徐命膺)이 집필.
	1803년	규합총서 閨閤叢書	동치미, 생치김치, 산갓김치, 동아김치, 동지, 용인오이지법, 동과섞박지, 섞박지, 어육김치, 장짠지, 전복김치	1809년(순조 9년) 여성실학자이자 서유구의 형수인 빙허각 이씨가 아녀자를 위해 엮은 일종의 여성생활 백과.
	1816년	농가월령가 農家月令歌	달래김치, 가지김치, 고추잎장아찌	여름의 장과 겨울의 김치는 곧, 민가에서 일년의 중요한 계획. 2월령 달래김치, 6월령 가지김치, 9월령 고추잎 장아찌, 10월령 김장
	1827년	임원식육지 林園十六志	섞박지	젓갈을 섞어주는 김치인 해저방(醢菹方), 곧 섞박지가 등장.
	1849년	동국세시기 東國歲時記	나박김치, 배추물김치, 동치미, 겨울막김치, 섞박지, 장김치	'김장과 장 담그기는 일년의 2대 행사'라고 기록.
근대 1900년 ~1950년	1934년	조선요리제법 朝鮮料理製法	**김장김치** : 통김치, 섞박지, 쌈김치, 짠지, 동치미, 깍두기, 지렁김치, 채김치 **보통 때** : 풋김치, 나박김치, 장김치, 외김치, 외소김치, 외지, 깍두기, 외깍두기, 굴깍두기, 숙깍두기, 닭깍두기, 갓김치, 박김치, 곤쟁이젓김치, 전복김치, 굴김치, 돌나물물김치, 열무김치, 멧젓	한국 근대기의 교육자 방신영(方信榮, 1890~1977)이 1911년에 처음 쓴 한국 최초의 근대식 요리책 '요리제법'으로 출간되어, 1917년 '조선요리제법'으로 제목을 바꿔 정식 출간.
	1940년	조선요리 朝鮮料理	통김치, 비늘김치, 보김치, 장김치, 나박김치, 박김치, 동치미, 풋김치, 오이소박이, 가지김치, 오이지, 짠무김치, 무싱건지, 양배추김치, 홍김치(깍두기)	

김치의 특징

우리나라 김치의 가장 큰 특징은 김치에다 고추를 섞는 것이다. 고추는 비타민 C가 매우 많아서 사과의 50배, 밀감의 2배에 이른다. 또 고추의 매운맛 성분인 캡사이신과 고추에 많이 함유되어 있는 비타민 E는 비타민 C의 산화를 막아주는 작용을 한다. 따라서 우리 겨레는 긴 겨울 동안 부족하기 쉬운 비타민 C를 이 김치를 통하여 섭취할 수 있는 것이다.

또 캡사이신은 젓갈의 지방이 산패하여 비린내가 나는 것을 막아준다. 그리고 김치에 들어가는 고추와 마늘은 김치를 발효시키는 젖산균의 번식을 크게 도와준다고 한다. 그 밖에도 김치는 식물섬유로서의 구실도 크게 하고 있다. 이렇듯이 김치는 미각·촉각·시각은 말할 나위도 없거니와 영양상으로도 식물성과 동물성을 아울러 가진 완전한 영양식품이라 할 수 있다. 그래서 이제 양념에서 밥 반찬을 거쳐 하나의 부 식량으로까지 발전하였다.

1849년(헌종 15)의《동국세시기(東國歲時記)》에서는 김장과 장 담그기는 일 년의 2대 행사라고 하였다. 1816년(순조 16)의 「농가월령가(農家月令歌)」에 보이는 김장 모습은 다음과 같다.

무우·배추 캐어 들여 김장을 하오리다.
앞 냇물에 정히 씻어 함담(鹹淡)을 맞게 하소.
고추·마늘·생강·파에 젓국지 장아찌라.
독 곁에 중두리요 바탱이 항아리요.
양지에 가가 짓고 짚에 싸 깊이 묻고….

김치는 종류나 먹는 시기에 따라 독·중두리·바탱이·항아리 등에 담는다. 김치 항아리도 정성을 다하여 만든 것이라야 김치가 제맛을 낼 수 있다. 우수·경칩이 지나 땅이 풀린 직후의 흙을 빚어서 이른 봄에 제일 처음 구운 독이라야 잡내가 나지 않고 단단하다는 것이다.

또 김치를 잘 관리하자면 얼지 않고 시지 않도록 해야 한다. 5℃ 정도에서 4~6주간 보관하는 것이 좋다. 따라서 「농가월령가」에서 보듯이 김치항아리를 짚에 싸서 깊이 묻어 온도의 변화를 막는다. 또 김치의 산패를 막으려면 공기와의 접촉을 막아야 한다. 따라서 김치항아리에 김치를 단단히 눌러서 넣고 위에는 우거지를 덮어 이것으로 공기와의 직접적인 접촉을 막는다. 오늘날에는 각 가정마다 김치냉장고가 있어서 김치냉장고에 보관하면 된다.

출처 : 한국민족문화대백과사전(encykorea.aks.ac.kr)

제조 방법별 김치의 종류

김치는 제조 방법에 따른 분류 방법으로 크게 '일반 김치류'와 '물김치류'로 구분할 수 있다. 이는 김치 제조 시 주재료 및 부재료 외에 물 또는 염수의 첨가 여부로 구분되는데, 김치 제조 후 주재료 및 부재료 그 자체 외에 김칫국의 비율에 따른 분류라고 할 수 있다. '일반 김치류'는 김치 재료의 특유한 향미를 즐기는데 반해, '물김치류'는 김치 재료뿐만 아니라, 김칫국에 우러난 시원한 맛을 느낄 수 있다.

일반 김치류

'일반 김치류'는 절임 탈수된 주원료에 고춧가루, 마늘, 파, 젓갈, 소금 등과 같은 다른 부재료를 혼합하여 숙성 제조하며, 배추김치, 열무김치, 깍두기, 총각김치, 섞박지, 오이소박이, 나박김치, 무김치, 깻잎김치, 고구마줄기김치, 부추김치, 양파김치, 우엉김치, 파래김치 등 대부분의 김치가 여기에 속한다.

물김치류

'물김치류'는 제조 시 물을 첨가하고 고춧가루를 거의 사용하지 않는다. 물김치류는 절임 또는 절이지 않은 주재료에 부재료를 혼합한 후 물 또는 염수를 첨가하여 숙성 제조한다. 대표적인 물김치류에는 백김치, 동치미, 나박김치, 양배추물김치, 오이물김치, 돌나물물김치, 갓물김치 등을 들 수 있다.

지역별 김치

김치는 각 지역의 기후와 재배작물에 따라 다양한 특징을 보인다. 오늘날과 같이 교통이 발달하지 않은 과거에는 해당 지역에서 쉽게 구할 수 있는 재료를 이용해 김치를 담갔다.

각 지역의 기후적 특색에 따라 김치 담그는 방법도 차이를 보인다. 기후가 비교적 따뜻한 남부지방은 소금과 젓갈, 양념류를 많이 사용하여 저장성을 높였다. 비교적 추운 북부지방은 김치가 쉽게 익지 않으므로 소금과 젓갈, 양념류를 적게 사용하여 주재료의 맛과 향을 그대로 살리는 비교적 싱거운 김치를 주로 담그게 되었다. 지역별로 사용하는 양념에 따라 김치의 종류와 특징을 알 수 있다.

서울·경기도 - 서울을 비롯한 경기지역은 짜지도 않고 싱겁지도 않은 온갖 김치가 다 모여 있다. 젓갈은 주로 새우젓, 조기젓, 황석어젓 등 담백한 젓국을 즐겨 쓰는데, 멸치젓과 동태, 갈치, 생새우 등도 많이 사용된다.

강원도 - 강원도는 동해안의 오징어 등 싱싱한 생선류를 쉽게 구할 수 있는데, 이러한 재료를 이용한 김치가 발달하였다.

충청도 - 충청도는 서해에 접하고 있어 쉽게 구할 수 있는 조기젓, 황석어젓, 새우젓 등을 많이 쓰는데, 이것은 서울을 비롯한 중부지역과 비슷하다. 간도 중간 정도이고 비교적 소박한 김치를 담근다. 닷, 미나리, 청각, 삭힌 풋고추 등을 잘 사용한다.

경상도 - 경상도는 마늘과 고춧가루를 특히 많이 사용하여 맵고 자극적인 것이 특징이다. 이는 부패를 방지하고 지방 성분의 산퍼를 막기 위함이다. 따뜻한 기후 때문에 상하지 않도록 소금을 많이 넣고 담근 멸치젓과 생갈치를 주로 사용하고 생강은 적게 사용한다.

전라도 - 전라도 김치는 맵고 짭짤하고 진한 맛과 감칠맛이 있는 것이 특징이다. 특히 고춧가루보다 건고추를 물에 다시 불려서 갈아 걸쭉하게 만든 젓국을 많이 사용하는데 젓국으로는 새우젓, 조기젓, 멸치젓을 쓰지만 멸치젓을 더 많이 쓰며, 다른 지방에 비해 통깨도 많이 쓰는 특징이 있다.

제주도 - 제주도는 기후가 따뜻하여 배추가 밭에서 월동하고 다른 채소들이 많아서 김장의 필요성이 덜 한 이유로 그 종류가 단순하다. 또한 싱싱한 재료를 쉽게 구할 수 있기 때문에 양념을 적게 사용하여 재료 고유의 맛을 느낄 수 있는 것이 특징이다.

함경도 - 함경도 지역은 동해안을 끼고 있어 동태나 가자미가 유명하다. 배추김치의 경우 새우젓이나 멸치젓은 적게 쓰고 소금으로 간을 맞춘다. 또한 젓갈 대신 생동태나 생가자미를 썰어 고춧가루로 버무려서 배추 사이사이에 끼워 넣고 김칫국물은 넉넉하게 사용한다.

평안도 - 평안도 지역은 서해안을 끼고 있지만 동해안과는 달리 새우, 토하, 갈치 등이 많이 생산된다. 함경도보다는 새우젓과 조기젓을 많이 쓰는 편이지만 남부지방보다는 그 양이 훨씬 적다. 주로 배추와 무를 함께 통으로 담그고 국물을 많이 잡아 슴슴하게 간을 하여 익히는 게 특징이다.

황해도 - 황해도는 기후가 서울과 비슷하지만 고수 등의 향신료를 쓰는 것이 특이하다. 젓갈은 까나리젓, 조기젓, 새우젓 등을 많이 쓰는데 이것도 중부지역의 공통된 점이며, 간이나 김칫국물의 양이 중간 정도이다.

〈표〉 **지역별 김치종류**

지역	종류
서울·경기도	섞박지, 보쌈김치, 총각김치, 깍두기, 장김치, 배추통김치, 감동젓무김치, 석류김치, 호박김치, 씨도리김치, 배추김치, 개성식보쌈김치, 순무김치, 꿩김치, 고구마줄기김치, 숙김치, 백김치, 미나리김치, 장김치, 오이소박이, 오이물김치
강원도	해물김치, 가자미식해, 돌나물김치, 새치김치, 꽁치김치, 북어배추김치, 아가미(서거리)깍두기, 배추고갱이김치, 산갓김치, 대구깍두기
충청도	나박김치, 비늘김치, 호박김치, 알타리김치, 열무물김치, 가지김치, 박김치, 시금치김치, 새우젓깍두기, 굴깍두기, 고춧잎김치, 배추고갱이김치
경상도	배추김치, 고추김치, 백김치, 파김치, 비지미(깍두기), 멸치젓섞박지, 콩밭열무김치, 콩잎쌈김치, 박김치, 통대구소박이, 모젓깍두기, 나박김치, 전복김치, 콩잎김치, 우엉김치, 부추김치, 부추젓김치, 알타리박동김치, 곤지김치, 멸치젓섞박지, 가지김치, 쪽파김치, 풋고추젓김치, 도라지김치, 더덕김치, 고구마줄기김치, 씀바귀김치, 고춧잎김치, 돌나물김치, 감김치, 들깻잎김치
전라도	동치미, 총각김치, 고들빼기김치, 씀바귀김치, 파김치, 감김치
제주도	전복김치, 퍼데기김치, 갓물김치, 톳김치, 총각김치, 꽃대김치, 물김치, 실파김치
함경도	배추김치, 식해, 가자미식해, 무말랭이김치, 콩나물김치, 참나물김치, 산갓김치, 대구깍두기, 쑥갓김치, 채칼김치, 무청김치
평안도	백김치, 배추김치, 동치미, 김치오가리, 지름섞박지, 콩나물국물김치, 호박김치, 빨간무소박이, 나박김치, 나복동치미
황해도	호박김치, 보쌈김치, 섞박지, 고수김치, 풋고추김치, 감김치, 파김치, 배추김치, 동치미, 나박김치, 풋김치

계절별 김치

우리나라는 사계절이 뚜렷해 계절에 따라 재배되고 수확되는 채소류가 달라 김치도 계절에 맞게 다양하게 발달했다.

봄김치는 저장하지 않고 담근 즉시 먹을 수 있는 달래김치·돌나물김치·얼갈이 김치·미나리김치 등 겨울을 잊게 하는 산뜻한 맛이 특징이다. 여름철에는 아삭아삭 씹는 맛과 시원한 맛이 나는 열무물김치·오이소박이 등이 있다. 가을철에는 고추나 깻잎, 쪽파 등을 이용한 김치를, 그리고 겨울에는 양념을 많이 쓴 김장 김치를 담갔다. 특히 겨울에 담그는 김장 김치는 겨울철 부족하기 쉬운 비타민 보충에 큰 역할을 한다.

최근에는 각종 채소류 재배 기술의 발달로 인해 사시사철 다양한 김치를 담글 수 있게 되었다. 우리나라 가정에서 담가 먹는 김치류는 모두 합쳐서 무려 300여 종이 넘는 것으로 알려져 있다. 또한 잘 알려지지 않은 김치와 새로운 김치의 탄생으로 그 종류는 현재 정확히 파악할 수 없는 상태이다.

〈표〉 계절별 김치종류

계절	종류
봄 (3~5월)	통배추김치, 고들빼기김치, 미나리김치, 쑥갓김치, 무말랭이, 나박김치, 우엉김치, 더덕김치, 게쌈김치, 더덕물김치, 햇도라지 김치, 통마늘절임, 봉잎절임, 생두릅김치, 부추 젓 김치, 쪽파 젓 김치, 홍어 섞박지, 죽순 절임, 돌나무김치, 햇배추김치, 파김치, 시금치김치, 봄 갓 김치 등
여름 (6~8월)	가지소박이, 부추김치, 오이소박이, 깻잎김치, 비늘김치, 콩잎김치, 열무물김치, 열무김치, 수삼나박김치, 토마토소박이, 연근절임, 풋고추절임, 오이짠지, 포도잎절임, 깻잎말이김치, 풋콩잎김치, 부추김치, 오이소박이, 양배추김치, 가지김치 등
가을 (9~11월)	가을배추 겉절이, 섞박 겉절이, 통배추 가을김치, 비늘무 젓김치, 총각무 소박이, 백깍두기, 무청 젓버무리, 무채김치, 호박김치, 고구마줄기김치, 고춧잎김치, 통대파 김치, 통 오징어소박이, 갈치식해, 통가지 쌀겨절임, 무쌀겨절임, 가을콩잎 절임, 무청젓갈절임, 생굴김치, 파김치, 갓김치, 무짠지, 장김치, 총각무동치미, 총각김치, 고춧잎김치, 통잎김치, 깻잎김치, 동아김치 등
겨울 (12월~2월)	총각김치, 섞박 동치미, 통배추 동치미, 통무 동치미, 섞박통김치, 통태식혜, 낙지 섞박지, 동태석박지, 오징어 섞박지, 대구 섞박지, 통대구 김치, 통무 소박이, 동치미, 보쌈김치, 무청김치, 섞박지, 통배추김치, 보쌈김치, 깍두기, 백김치 등
사철	통배추 백김치, 배추 막김치, 풋배추 겉절이, 당근 깍두기, 알양파 깍두기, 양배추 동치미, 양배추 보쌈김치, 당근 쌀겨절임, 당근 소박이, 해물김치, 시금치 겉절이, 깍두기, 양배추 물김치, 양배추 겉절이, 멍게젓, 생굴젓, 오징어젓, 해삼젓 김치 등

궁중김치

궁중김치는 궁궐에서 담가 임금의 수라상에 올리던 김치를 말한다. 조선시대 수라상은 임금이 평소에 받는 반상으로 김치는 궁중젓국지(배추김치)와 무깍두기인 송송이, 국물김치 세 가지가 오른다. 임금의 수라상에 올리던 김치답게 가장 신선하고 좋은 재료에 잣, 밤, 대추, 버섯류 등 다양한 고명을 사용하여 맛과 모양이 뛰어난 것이 특징이다.

궁궐에서는 현재의 마장동, 연건동, 왕십리 등에 전용 채마밭(먹을거리를 심어 가꾸는 밭, 채소나 김장재료를 심는 밭)을 지정하여 배추와 무 등의 농작물을 심었다. 궁궐에서 사용될 배추는 재배에 많은 정성을 쏟았는데 떡잎에서부터 남길 것을 정해두고 주변의 것을 솎아내 듬성듬성 띄워서 길렀다. 이렇게 정성스럽게 기른 김칫거리는 속이 꽉 찰 뿐만 아니라 희고 배추 힘줄이 적어 감칠맛이 났다. 또한 잎이 노르스름하고 깨끗한 속대만 썼으며 무도 싱싱하고 매끄러운 좋은 것만 골라 반듯하게 썬 것만 사용하였다.

젓갈은 담백하면서도 깊은 맛을 내는 조기젓, 새우젓, 황석어젓 등을 주로 사용하였고, 지금처럼 멸치젓, 갈치젓 등은 사용하지 않았다. 또한 고춧가루를 많이 쓰지 않아 맵지 않으며, 간도 짜지 않게 하였다. 생 해물로는 낙지, 굴, 새우 등을 넣었으며, 무를 넉넉하게 섞어서 담갔기 때문에 국물도 많은 편이고 시원하고 감칠맛이 뛰어난 김치였다.

한말에 궁중에서는 김장을 1천 통씩 했는데, 이때는 주방 상궁들만으로는 부족해서 침방 상궁이나 수방 상궁들까지 모두 동원되어 김치를 담갔다고 한다.

궁중김치의 대표적인 종류로는 궁중섞박지, 동치미, 송송이(깍두기), 보김치, 젓국지 등이 있다.

섞박지 – 무와 배추를 썰어서 갖은 양념에 버무린 것으로 모양이 반듯한 것만 담고 나머지는 허드레 김치로 담가 궁인들이 먹었다고 한다.

젓국지 – 궁중에서 담근 통배추김치로 조기젓이나 황석어젓을 넉넉히 넣고 담근다고 해서 붙인 이름이다. 젓국지에 대한 기록은 '조선무쌍신식요리제법'에서 볼 수 있는데, "젓국지는 배추와 무를 씻어 한치 길이씩 썰어 소금에 절인 다음 외를 불려서 짜개어 대강 썰어 넣고 고추, 마늘, 미나리, 갓은 채 쳐 넣고 청각도 조금 넣고 조기젓국에 물을 타 끓여서 식힌 후에 간간하게 많이 붓고 뚜껑을 잘 덮어 익힌다"고 하였다.

동치미 – 보통 무와 소금과 물이 기본이지만 옛날부터 궁중에서는 고명을 더 많이 넣어 향미를 더하였다. 궁중동치미 재료는 무, 배, 유자, 석류 등이며 시원한 맛이 일품이다.

동치미를 담글 무는 작고 겉이 매끄러우며, 모양이 예쁜 것으로 골라 씻어서 하루 동안 절인 다음 독을 묻고 넣는다. 배는 통째로 껍질을 벗기고, 유자는 통째로, 파는 흰 부분만 넣고, 생강과 마늘은 납작하게 저미고 파뿌리를 씻어서 무명 주머니에 함께 넣는다. 그리고 삭힌 고추를 넣고 소금물을 부어서 익힌다. 익은 후 먹을 때 배와 유자는 썰고 국물에 꿀을 조금 타고 석류와 잣을 흩어 넣으면 맑고 산뜻하다.

고종은 겨울철 야참으로 동치미 국물에 육수를 섞어서 메밀국수를 만 냉면을 즐겼다고 한다. 이를 위해 배를 많이 넣어 담근 냉면용 국물김치를 따로 담갔다고 한다.

사찰김치

사찰에서 재료의 참맛을 살려 담그는 김치. 전국적으로 약 50종이 알려져 있으며 자극적인 양념을 쓰지 않아 간단하고 소박한 재료로 자연의 풍미가 살아있는 담백하고 깔끔한 맛의 경지를 이루었다.

최근에는 맵거나 짜지 않고, 자극적이지 않으면서 채소 본래의 향미를 느낄 수 있는 사찰식 김치가 건강을 중요시하는 현대인들에게도 부각이 되어 인기가 높아지고 있다.

또한 사찰식 김치는 성인병 예방뿐만 아니라 최근 세계적인 건강식품으로 알려져 채식주의자뿐만 아니라 마늘의 자극적인 맛과 향을 싫어하는 외국인의 입맛에도 잘 맞을 것으로 예상되어 그 발전 가능성이 크다고 할 수 있다.

사찰에서는 일반가정과는 달리, 김치를 담글 때 파, 마늘, 젓갈은 일절 쓰지 않고 생강과 소금을 기본으로 한 깔끔한 맛의 김치를 만들어 왔다. 파, 마늘, 젓갈을 쓰지 않는 이유는 사찰에서는 '오신채(五辛菜)'라 하여 불교에서 금지하는 다섯 가지 음식물이 있어 김치를 담글 때에도 사용하지 않는 것이다.

♣ **사찰김치에 파, 마늘, 부추, 젓갈을 사용하지 않는 이유**
오신채[五辛菜] - 불교에서 금하는 다섯 가지 음식물.

'오신채(五辛菜)'는 마늘과 파·부추·달래·흥거의 다섯 가지로, 대부분 자극이 강하고 냄새가 많은 것이 특징이다. 율장(律藏)에 따르면, 이러한 음식을 공양하면 입 주위에 귀신이 달라붙는다고 한다.

대승불교가 흥기한 시기에는 오신채를 사용하지 않았는데, 그 이유는 모든 중생이 삼매를 닦을 때에는 마땅히 세간의 다섯 가지 매운 채소를 끊어야 하니, 이 다섯 가지 채소는 익혀서 먹으면 음란한 마음이 일어나게 되고 날것으로 먹으면 성내는 마음이 더하기 때문이라고 능엄경에서 설파하고 있기 때문이다.

또한 젓갈은 주로 생선·어패류·육류 등을 이용하여 만든 것이기 때문에 살생을 금하는 불교에서는 금지시 되는 것이다.

출처 : 김치박물관(www.kimchimuseum.com)
본 자료는 정보공개 요청을 통해 김치박물관으로부터 정식으로 입수한 자료입니다.
김치박물관은 대한민국 대표 김치포털로서, 김치의 우수성과 가치를 국내외에 널리 홍보하고 있습니다. 김치박물관은 김치 및 김치산업의 발전과 공익성을 지향하며, 신뢰할 수 있는 정보를 제공합니다.

김치명인 이하연의
별별김치

초판 1쇄 발행 2025년 10월 21일

지은이 이하연
펴낸이 박형희
기　획 육주희
사　진 이경섭
디자인 박희남
그릇협찬 신성도자기
도움 주신 분 조은정, 이영숙, 김문경, 박신자, 정숙경, 배양자
　　　　　　 이양자, 박수금, 신명화, 강미금, 채정선, 정승원

펴낸곳 한국외식정보(주)
주소 서울특별시 송파구 중대로 174 현대파크빌 B1, 1층
전화 02-443-4363
홈페이지 www.foodbank.co.kr
인스타그램 @monthlyrestaurant_official
등록 1997년 11월 24일 제16-1561호

ISBN 978-89-87931-77-7 13590
정　가 38,000원

Published by Korea Food Service Information, co.Ltd. Printed in Korea
Copyright ⓒ 2025 이하연 & 한국외식정보(주)
이 책의 저작권은 이하연과 한국외식정보(주)에 있습니다.
저작권법에 의해 보호를 받는 저작물이므로 무단 복제 및 무단 전재를 금합니다.
잘못된 책은 구입처에서 바꿔드립니다.